经典品读

寻根密码·姓氏

图文版

主编 孔庆东

国际文化出版公司
·北京·

图书在版编目（CIP）数据

寻根密码·姓氏：图文版 / 孔庆东主编. —北京：国际文化出版公司，2017.3
（品读经典系列）
ISBN 978-7-5125-0914-6

Ⅰ.①寻… Ⅱ.①孔… Ⅲ.①姓氏—文化—中国—通俗读物 Ⅳ.①K810.2-49

中国版本图书馆CIP数据核字（2016）第325424号

寻根密码·姓氏：图文版

主　　编	孔庆东
总 策 划	马泳水
责任编辑	潘建农
装帧设计	中易汇海
出版发行	国际文化出版公司
经　　销	新华书店
印　　刷	北京中创彩色印刷有限公司
开　　本	650mm×960mm　16开 18.5印张　　　230千字
版　　次	2017年3月第1版 2021年7月第2次印刷
书　　号	ISBN 978-7-5125-0914-6
定　　价	32.80元

国际文化出版公司
北京朝阳区东土城路乙9号　邮编：100013
总编室：（010）64271551　传真：（010）64271578
销售热线：（010）64271187
传真：（010）64271187—800
E-mail:icpc@95777.sina.net
http://www.sinoread.com

序

古人说:"刚日读经,柔日读史。"本来说的是什么时间读什么书,从侧面看来,我们的前辈多么勤奋,每日读书,并不留空闲。

在一个号召"全民阅读"的时代,如何阅读,阅读什么,成为新常态下的新课题。数千年来的文化传统和我们祖先的经验告诉我们,那就是阅读经典图书。这套《品读经典》丛书,其旨趣、其志向,大概就是"打通"这样一个目标。

我也经常说,只有阅读经典著作,建立了平衡的知识结构,才能做到"风吹不昏,沙打不迷"。

一日不读书,心源如废井。

在我看来,读书应该是日常生活的组成部分,就像呼吸空气那样。

我在北大附属实验学校的一次报告会上曾经谈过,要读书,读好书,也只有那些有独创思想的著作才能称为"书",才可能成为经典。

经典书,也就是我们常说的"真正的书",它应具有独特性、原创性、思想性。独特性就是与众不同,是自己独立思考的东西;原创性就是"我手写我心";思想性就是必须加入自己个体的思考。

另外,经典书均为文史哲范围,因为这些书属于上层书,其思想辐射至其他专业。今天我们有几百个专业,它们并不是在一个平面上展开的。

我们要每天读点书，滋润自己的心灵。读书不是立竿见影之事，不能立马改变生活，它是个慢功夫。几天不读好像没什么，其实你已经落后了，而当你水平提高了又不容易下去。

对于个人来讲，我们把学到的知识用到实践当中，用到一点儿就足够我们享用一辈子了。表里不一对于国家来说是毁国家前途，对于个人来说是毁自己前途。很多人总是发明新道理，但是我觉得旧道理够用。

知道了之后再实践了，这才是真正的读书人。

古人言："读万卷书，行万里路。"

"读万卷书"是前提，"行万里路"是"实践"，把知识实际地运用。孔子讲的"忠、恕、仁"这几个概念，你能把它实践好就很不错了，懂了这些道理你读书就很快乐。有了这种精神状态之后，你就会持一个乐观的心态。读书最后还是为了自己，使自己成为一个乐观快活的人，让自己活在这个世界上特别有劲。

我们既要"行万里路"，也要"读万卷书"，更要读好书，读经典书。

著名学者汤一介先生说，一本好的经典，"可以启迪人们的思考，同时也告诉我们应该重视经典"，面对先贤的智慧，面对我们两千余年来的诸子百家、孔孟老庄，"我们必须谦虚，向经典学习"，也许这就是"品读经典"丛书出版的意义。

前　言

姓氏，是人根，是祖先魂，是生命信息注入的载体，是标志家族系统的符号。通过这个符号，每个人都可以将自己和历史文化联系起来。探讨这种联系的过程不仅仅是一次意义重大的寻根之旅，更是一次对中华姓氏文化的学习和巡礼。

中华姓氏文化在世界文明史上独树一帜。实际上不仅在中国，在世界上，姓氏也是一个重要的文化传承符号，但没有任何一个国家的姓氏传承能像中国这样完整而有内涵。它涉及历史学、考古学、民俗学、社会学、文化人类学等学科，生动而具体地反映着我国历史上的社会形态演进、文明起源、民族融合、中外交流以及历代政治、经济、文化与社会习俗的发展与变革。它是一种超越时空、贯通古今的文化现象，是中华五千年文化的一个重要组成部分，是中华大一统同祖同源同域同质文化的象征。

寻根问祖是人的天性，而寻根的捷径就是追寻自己的姓氏谱系。同时，姓氏就像是一张名片，是开启沟通之路的金钥匙。通过姓氏了解他人，了解社会，是人际交往的一条重要途径。

中华姓氏来源于上古氏族的文化图腾，姓氏图腾是中华本原文化，或中华文化基因，是一个至今仍然生生不息地繁衍延续着的活化石。在"姓氏的起源"中，我们从姓的本义入手，带您上溯并回归到最初立姓时确立的文化图腾本貌，让您从"根"上了解姓氏文化。本书还进一步讲述了姓氏的交融与迁徙、姓氏的属性、郡望和堂号、姓氏家谱等。最后，本书根据当今中国姓氏排行选取了九十五个常见的姓氏，分姓氏来源、郡望堂号、宗族特征、历史名人、繁衍变迁五个部分进行了分别讲述，让您在一次饶有兴味的寻根之旅中，身临其境地感受姓氏文化的博大精深和独特魅力。

《品读经典》编委会

目 录

第壹篇：姓氏的起源 / 一

从图腾到炎黄子孙 / 二
土地分封制度下的产物 / 六
堂前燕飞入寻常家 / 九

第贰篇：姓氏功能的转变 / 一三

区别贵贱 / 一四
最尊贵的姓氏：国姓 / 一六

第叁篇：姓氏的交融与迁徙 / 一七

周至春秋战国：蛮夷戎狄入华 / 一八
西晋至隋唐：五胡南下改汉姓 / 一九
宋至清：诸族姓氏渐次全面汉化 / 二一
亡国俘虏，被迫移民 / 二二
汉族大姓，避乱迁居 / 二三
守边守陵，定居异地 / 二四
官职调迁，举族迁徙 / 二五
人丁兴旺，奉命迁徙 / 二五

第肆篇：姓氏的属性 / 二七

历史类 / 二八　　　　　　职业类 / 三三
地域类 / 二九　　　　　　民族类 / 三四
纪念类 / 三一

第伍篇：郡望和堂号 / 三九

谒祖朝宗的依据 / 四〇　　　弘扬祖德的标志 / 四三

第陆篇：姓氏家谱 / 四九

了解家谱知识 / 五〇　　　　分门别类谈家谱 / 五二
众说纷纭话起源 / 五〇　　　家谱的七大主要内容 / 五二
传承久远说修谱 / 五一

第柒篇：细说中国九十五大姓 / 五五

一王 / 五六　　　　　　　　七赵 / 七三
二李 / 五九　　　　　　　　八黄 / 七五
三张 / 六二　　　　　　　　九周 / 七七
四刘 / 六五　　　　　　　　十吴 / 七九
五陈 / 六八　　　　　　　　十一徐 / 八二
六杨 / 七〇　　　　　　　　十二孙 / 八四

十三 胡 / 八七
十四 朱 / 八九
十五 高 / 九一
十六 林 / 九四
十七 何 / 九六
十八 郭 / 九九
十九 马 / 一〇一
二十 罗 / 一〇四
二十一 郑 / 一〇六
二十二 梁 / 一〇八
二十三 谢 / 一一一
二十四 宋 / 一一三
二十五 唐 / 一一五
二十六 许 / 一一八
二十七 韩 / 一二一
二十八 冯 / 一二四
二十九 邓 / 一二六
三十 曹 / 一二九
三十一 彭 / 一三二
三十二 曾 / 一三五
三十三 萧 / 一三七
三十四 田 / 一四〇
三十五 董 / 一四二
三十六 袁 / 一四五
三十七 潘 / 一四七
三十八 于 / 一四九
三十九 蒋 / 一五一
四十 蔡 / 一五三
四十一 余 / 一五七
四十二 杜 / 一五九
四十三 叶 / 一六二
四十四 程 / 一六四

四十五 苏 / 一六六
四十六 魏 / 一六九
四十七 吕 / 一七一
四十八 丁 / 一七四
四十九 任 / 一七六
五十 沈 / 一七九
五十一 姚 / 一八一
五十二 卢 / 一八三
五十三 姜 / 一八六
五十四 崔 / 一八九
五十五 钟 / 一九一
五十六 谭 / 一九四
五十七 陆 / 一九六
五十八 汪 / 一九八
五十九 范 / 二〇〇
六十 金 / 二〇三
六十一 石 / 二〇四
六十二 廖 / 二〇七
六十三 贾 / 二〇九
六十四 夏 / 二一一
六十五 韦 / 二一三
六十六 方 / 二一六
六十七 白 / 二一八
六十八 邹 / 二二〇
六十九 孟 / 二二三
七十 熊 / 二二五
七十一 秦 / 二二七
七十二 邱 / 二三一
七十三 江 / 二三三
七十四 尹 / 二三六
七十五 薛 / 二三八
七十六 段 / 二四〇

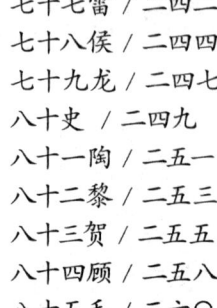

七十七雷 / 二四二
七十八侯 / 二四四
七十九龙 / 二四七
八十史 / 二四九
八十一陶 / 二五一
八十二黎 / 二五三
八十三贺 / 二五五
八十四顾 / 二五八
八十五毛 / 二六〇
八十六郝 / 二六三

八十七龚 / 二六五
八十八邵 / 二六七
八十九万 / 二六九
九十钱 / 二七一
九十一严 / 二七三
九十二武 / 二七五
九十三戴 / 二七七
九十四莫 / 二八〇
九十五孔 / 二八二

第壹篇 姓氏的起源

姓氏,是姓与氏的合称。上古时代,姓与氏是两个完全不同的概念。姓是区分氏族的标志性符号,氏则是由姓派生而出的。春秋战国时期,姓、氏开始混用,秦汉时姓、氏合二为一,不再区分。由于姓氏包含着丰富的社会文化内容,自产生以来就很受人们的重视。

从图腾到炎黄子孙
——姓的起源

·一个字就是一幅画·

我国有姓氏的历史大概可追溯到五千年以上。那么，姓氏究竟由何而来？目前，绝大多数人认为，姓氏源于母系氏族社会的图腾崇拜。

"图腾"一词，是印第安语，本义为"超自然保护神及其亲族"。远古时期，人们认为每个氏族均起源于某种动、植物或自然物象，如：日月星辰、山川岩石、风云雷电、花草树木、龙凤虎豹、牛羊犬马、禽鸟虫蚁……该氏族的始祖母与之接触、感应，便衍生了后代。所以，图腾物就是一个氏族的祖先，是氏族成员共同膜拜的保护神。人们依此来辨认血缘氏系及亲属关系。因此，可以说，图腾物就是一个氏族共有的姓源。

在近年来考古发掘的成果中，也不乏姓氏源于母系氏族社会图腾崇拜的例证。如马家窑文化的彩陶器上绘有鸟、蛙的图像；仰韶文化的彩陶器上，除鱼、鸟、鹿、蛙等图像外，还有人面兽身、人首虫身等图像。这些均可能是当时氏族的图腾，即原始的"姓"标志。在已发现的殷商甲骨卜辞中，也可以辨认出二百多个有"图腾"意义的族名。郭沫若在其《甲骨文字研究》中也曾说："卜辞中'风'字作'凤'，盖古代神话以太凤为大风神……古有凤姓之国，春秋时有任、宿、须、句、颛、臾皆凤姓。古云，伏羲氏之胤，其实乃以凤为图腾之古民族也。"

鉴于以上种种，当代著名学者李玄伯先生在其《中国古代社会新研》中指出，古姓源于图腾："姓即图腾的结果，在文字内尚能看见种种遗迹。凤——凤姓之图腾，羊——姜姓之

龙图腾

寻根密码·姓氏

三

图腾，鸟——扈姓之图腾，蛇——（巳）姓之图腾，龙——董姓之图腾，桑葚——斟姓之图腾，鼓——彭姓之图腾，虫——云姓之图腾，枣——曹姓之图腾。"由此我们可以说，每一个姓氏之字都是一幅画，从中可以窥出上古时代中国姓氏源起的端倪。

凤凰

· 女娲与伏羲的约定 ·

许慎《说文解字》中有："姓，人所生也，从女、生，生亦声。"《左传·隐公八年》中有："天子建德，因生以赐姓。"班固《白虎通德论》也说："姓者，生也，人禀天气所以生者也。"这都说出了"姓"的本义是"生"。因此人们普遍认为，姓最初是代表有共同血缘、血统、血族关系的种族称号，简称族号。作为族号，它不是个别人或个别家庭的，而是整个氏族部落的称号。

据文献记载，我们的祖先最初使用姓的目的是为了"别婚姻"、"明世系"、"别种族"。也就是说，姓作为氏族的标志和徽号，其功能就在于维持这一"同姓"全体成员共同世系，借以把不同血缘的氏族区别开来。

关于以姓"别婚姻"，古代还有一个传说：

据传，华胥氏是中国上古时期母系氏族部落的一位杰出女首领。《春秋世谱》中就有"华胥生男名伏羲，生女名女娲"的记载。传说华胥氏族的成员在一次大水灾中，遭受了灭顶之灾，只有伏羲、女娲两兄妹，因为坐在葫芦里，漂到了蓝田临潼交接的一座山上，才幸免于难。于是，这个世界就剩下他们两个人了。为了人类延续，他们决定结为夫妻。在结婚前，他们对天发誓说：若苍天允许我们兄妹结为夫妻，繁衍人类，四山之烟聚而滚磨合。发完誓，他们两个人把磨石推下沟去。这时只见四山之烟果然聚合，再看磨石也紧紧地合在一起，于是两人决定结为夫妻。不过，女娲嫁给伏羲之前，和伏羲定下了后世人通婚的三个条件：第一个条件是正姓氏；第二个条件是要有媒妁；第三个条件是男方向女方行聘礼。

"正姓氏"即"正姓"、"正氏"。"正姓"，即正人的天性，废群婚、乱婚，同姓不能结婚。大概，尽管他们出于无奈相结合，但也认识到同一个祖宗、有着同血缘关系的人不应结婚的道理,故规定"同姓不能结婚"。"正氏",则是废男随女,正男子,女随男,在适于人类生存的高地上生生不息。

女娲正姓氏系为传说,不足为信,但至少反映了传说中伏羲时代的一些社会情况:此时人们已有定姓氏的要求,姓以母亲血缘为准,氏与父系相关。先言姓,后说及氏,因此可以推断此时大概是母系社会向父系社会过渡的时期。而此时期社会正从重"姓"向重"氏"方向发展。

土地分封制度下的产物
——氏

·轩辕氏与神农氏·

伏羲、女娲结婚后,生子少典。少典与有蟜氏之女附宝结合,附宝在大野中见雷电绕北斗枢星,感而有孕,生黄帝于姬水(今陕西延安黄陵县沮水河)之畔,育于轩辕之丘,故以姬为姓、轩辕为氏。黄帝轩辕氏后来一统天下,做了有熊国国君。他是华夏族的文明始祖,他带领人们创造文字、纺织丝帛、制定历律、制舟车、造指南,为中华民族的几千年文明奠定根基。

相传,黄帝二十五子,得姓者有十四人。他们及其后世纷纷立国,不断繁衍,并与其他部族相融合,逐渐形成以华夏族为主体、由众多民族组成的中华民族。据史书载,黄帝族在上古时

轩辕国人

期长期居于统治地位,势力强,占地广,其后裔在各地先后立国七十多个,繁衍六百多个姓氏。

与黄帝生于同时期的炎帝,其母名安登。安登感应神龙绕身而生炎帝于姜水(今宝鸡市天台山下清姜河),因此炎帝以姜为姓。炎帝是中华农耕文化的创始者,因此被称为神农氏。炎帝神农氏及其后裔也在各地先后建立二十多个国家,繁衍了二百四十七个姓氏。

黄炎两支发展到八百五十三个姓氏,后在与其他民族融合的过程中又发展到八千多个姓氏。因而,后世共尊黄帝和炎帝为祖先,称自己是炎黄子孙。

· 行走在功臣宗室的土地上 ·

从前文可以看出,远古时期,姓与氏是两个完全不同的概念。唐代刘恕在其《通鉴外纪》中说:"姓者,统其祖考之所自出;氏者,别其子孙之所自分。"其字面的理解为:姓就是指明你的祖先是何人,而氏则用来区分你的子孙。其实,这样理解也不无道理。从原始社会中后期开始,由于人口的繁衍,原来的部落又分出若干新的部落。为了互相区别以表示自己的特异性,很多部落就为自己的子部落分别起一个该部落单享的代号,这便是"氏"。

讲到氏,我们不得不引出另外一个概念——"胙土命氏"。《左传·隐公八年》中说:"天子建德,因生以赐姓,胙之土而命之氏。"意思是,天子分封诸侯,按出生赐姓,又根据分封的土地而命氏。其实,早在黄帝和炎帝时期,就出现了"胙土命氏",不过,当时"命氏"的不是天子,而是氏族部落的首领。

至夏、商时期,特别是商朝,"胙土命氏"已正式成为氏产生的主要途径了。功勋大臣、臣服的附属部落或极少数的庶子，都会获得相应的分封并从而有了自己的氏。

周朝分封制度确立下来，氏的产生便更加频繁了。周王将土地分封给兄弟、亲戚和异姓功臣，让他们建立诸侯国，各诸侯又将自己国内的土地分封给同姓或异姓的公卿大夫，公卿大夫又分封给同姓或异姓的庶民。如此自上而下层层分封，同姓所出的支系便越来越多，氏也就越来越多，甚而有时会出现一族多氏、一人多氏的情况。如周天子的兄弟本来都是姬姓诸侯，但由于封国有鲁、郑、晋、吴、虞、蔡、霍、巴、虢、管等，他们以国为氏，这就形成一族多氏；鲁孝公有后裔名展禽，起初因其先人字子展而得展氏，后来又因受封于柳地得柳氏，其死后谥号"惠"，因而又得惠氏。

值得注意的一点是，上古时代的有巢氏、燧人氏、神农氏（炎帝）、轩辕氏（黄帝）、金天氏（少昊）、高阳氏（颛顼）、高辛氏（帝喾）、陶唐氏（尧，又称伊祁氏）、有虞氏（舜）、有夏氏（禹）等氏，都是后世对想象和传说中的先祖的尊称，与"胙土命氏"之"氏"不同。

·有"氏"才是好出身·

南宋史学家郑樵《通志·氏族略·序》中称："三代（夏、商、周）以前，姓氏分而为二，男子称氏，妇人称姓，氏所以别贵贱，贵者有氏，贱者有名无氏。"由此可见，先秦时期，氏不但为子部族或其宗支的徽号，也是个人地位身份尊卑贵贱的标志。

先秦时期，"胙土命氏"，氏为帝王、君侯所赐，且"命氏"有约定俗成的习惯法则。天子位置最高，因此以其王朝的称号为氏，如周天子就以周为氏；而各国诸侯则以国作为自己的氏，如齐氏、鲁氏、吴氏、郑氏等；公卿大夫便以封邑为氏，如原氏、杨氏、薛氏等；为王室公族效力的职业技人等只能以技为氏，如陶氏、屠氏、工氏等。氏可以表明家世和社会地位，所以也就有了很强的"明贵贱"的社会功能。有着相同血缘的氏族成员不论高低贵贱嫡庶其姓都相同，然而同姓氏族中的不同支系，由于社会地位不同，其氏也各自不同。姓下有不同的氏，氏的区别就是个人、家族地位高低之别。

因此，如今我们所说的"百姓"一词，最初就有"明贵贱"的意味。《尚书·盘庚》中称殷商的贵族大姓为"百姓"。百姓与万民相对，是指有一定社会地位、被王室"胙土命氏"的贵族阶层。后来，随着历史的发展和时代的更迭，这些贵族阶层没有了原来的封邑和地位，成为普通庶民，但却保留了原有的姓氏。此为当今姓氏产生的最初情况，也是历代庶民统称为"百姓"的缘

堂前燕飞入寻常家
——姓氏的合并

· "氏"不再为贵族专有·

到春秋时期，周天子渐渐失去权威地位，没有实力再"胙土命氏"，各诸侯自立为王为侯的事情也是常有发生，赐氏命族的制度日渐混乱。

这段时期中，各国诸侯割据称雄，战乱不已。西周末年，原本见于记载的周王朝封国有170余国，到春秋时仅剩下晋、齐、秦、郑、宋、鲁、卫、陈、蔡、曹、许11个封国和楚王国。至战国时期，经过又一轮的兼并战争，只剩下魏、赵、韩、齐、秦、楚、燕战国七雄。12个重要封国之一的许国，甚至在战乱中一迁再迁，最后竟无人知道它消失在什么时候，什么地方。那些亡国的贵族失掉了封邑与爵位，沦为庶民，最初

用来表明身份地位的氏也失去了原有的意义。

蔺相如

而在社会大变革中，一大批起初不配"赐姓享氏"的平民，由于能力突出一跃而成为新的贵族，如秦国名将王翦、白起，赵国蔺相如，史书上都不曾载其家世，只说到他们的国籍。秦国谋臣李斯，原来在上蔡做小吏，纵横家苏秦、张仪都是出身贫寒的学人。地位的上升让这些人也开始为自己争取冠氏的权力，氏只为贵族专有的局面被打破了。如鲁国勇士猗顿，起初只是平民，饱暖都没有保证，后来他在猗氏（地名）做牛羊生意，"十年间其息不可计，赀拟王公，驰名天下"，于是便以发家地猗氏为氏。

在这种动荡、混乱的社会背景下，"氏明贵贱"的社会功能已没有现实依托。再加上人口增长，支系增多，氏也就越来越多，人们对姓反而逐渐淡忘，氏也就慢慢替代了姓的角色。"姓氏相别"制度有了根本性的变化。

· "姓"等于"氏"等于"姓氏"·

秦吞并六国后，废分封，行郡县，原先六国的大量王孙贵族沦为庶民和罪人。秦末农民大起义时，大量的平民百姓，乃至刑奴、屠夫，如汉高祖刘邦、淮阴侯韩信、舞阳侯樊哙等，都凭着显赫的功业，称王称帝，位列公侯。社会大变动引发的结果是，"氏明贵贱"的社会功能完全消失，姓氏成为仅代表个人及其家族血缘关系的符号。自此，姓、氏完全混用，姓、氏最终合一。

姓氏合一、姓氏混用的情况，正式文献始见于司马迁的《史记》。如《史记》中，称秦始皇为"姓赵氏"，称汉高祖刘邦为"姓刘氏"。秦汉以后，姓氏不别，或言姓，或言氏，或姓氏并称。至此，姓氏使用体系基本定型，以后的朝代虽有变化和发展，不过基本上遵循着"姓氏合一"这一模式，直到今天。

司马迁

姓氏合一，为中国姓氏发展史上的一个重要转折点，其特殊的文化意义表现在如下几方面：一、姓和氏可通称，姓、氏在意义上已无区别。这样，周代以来出现的大量的氏，如鲁氏、齐氏、邯郸氏、司马氏等等，分别变成了鲁、齐、邯郸、司马等姓。二、每一宗族都有固定的姓，子孙后代永久使用，不再像过去那样变来变去。我们如今沿用的诸姓，大多数正是承袭周代各氏而来，因此欲考各姓之源起，必上溯到周代。三、上至帝王将相，下至士农工商，人人都有姓，在这点上，贵族平民绝对平等。

姓氏功能的转变

第贰篇

姓氏在产生之初就有『明贵贱』的功能，秦代之后，『别上下』、『明等级』的命氏制度被废除，但以姓氏别等级的观念却存留下来。随着社会的发展，姓氏的功能发生了很大的转变。如今的姓氏只是一个符号，与『名』合在一起，用以将自己与他人区别开来，不带有贵贱色彩。

区别贵贱
——姓氏的最初作用

姓氏在产生之初就有"明贵贱"的功能，秦代之后，"别上下"、"明等级"的命氏制度被废除，但以姓氏别等级的观念却存留下来。到两汉时期这种观念再次上升为制度——门阀制度，官方甚至明确规定某姓为望族大姓，并具体划分出姓族等级，各姓族权益地位各不相同。

魏晋南北朝时期，门阀制度发展到了顶峰。在这种情形下，不但不同姓氏有高低贵贱之别，就是同一姓氏的士族集团内部不同宗族间也有贵贱、尊卑之分。门阀世族内部按家族血缘关系区分，区域性的世家大族又有"郡姓"、"吴姓"、"侨姓"、"虏姓"之分，不同地区都有"历世著名"的家族为代表。

唐代柳芳在其《氏族论》中对此有明确的论述：南北朝时，"过江则为侨姓"，王、谢、袁、萧为最大；东南是为"吴姓"，朱、张、陆、顾为最大；山东是为"郡姓"，王、崔、卢、李、郑为最大；关中也为"郡姓"，韦、裴、柳、薛、杨、杜为姓氏之首；代北为"虏姓"，长孙、宇文、元、陆、窦为大。以上"侨姓、吴姓、郡姓、虏姓"并称为"四姓"，"举秀才，州主簿，郡功曹，非四姓不选"。

随着社会的发展，姓氏的功能发生了很大的转变。如今的姓氏只是一个符号，与"名"合在一起，用以将自己与他人区别开来，不带有贵贱色彩。

姓有尊卑

寻根密码·姓氏

最尊贵的姓氏：国姓

最能说明姓氏贵贱，而且一直流传至今、影响深远的姓氏书，要数宋代编撰的《百家姓》。《百家姓》的前八姓氏为"赵钱孙李，周吴郑王"。赵姓为皇族姓氏，自然位列百家姓榜首，钱姓为吴越王之姓，其他六姓皆为后宫外戚之姓。

事实上，古代最尊贵的姓氏就是皇帝家族的姓，即"国姓"。我国历朝历代国姓如下：

夏——姒；商——子；周——姬；秦——嬴；汉——刘；三国——曹（魏）、刘（蜀）、孙（吴）；两晋——司马；北魏——拓跋；隋——杨；唐——李；宋——赵；辽——耶律；金——完颜；元——孛儿只斤；明——朱；清——爱新觉罗。

第叁篇 姓氏的交融与迁徙

民族间的交融与迁徙带来了姓氏的交融与迁徙。从周至春秋时期的蛮夷戎狄入华到西晋隋唐时期的五胡南下改姓,再到后来的诸族姓氏汉化,说明了民族的变迁史即是一部姓氏的变迁史。

周至春秋战国：蛮夷戎狄入华

先秦时期，中国即中原，"中国"人自称华夏族，称周边的地区为"四夷"，即"东夷、北狄、南蛮、西戎"。春秋战国时，"四夷"民族很多接受了华夏文明，逐步与华夏族融合。于是华夏姓氏中逐渐加入"四夷"的许多姓氏，其中最广为人知的当数南方的楚、苗与西北的戎、狄姓氏。

周初，苗人酋长的后裔熊绎被周成王封于荆地（今湖北省南漳县西荆山一带）。其后代不断扩张，立楚国。春秋时楚国先后兼并45个小国，国力日渐强盛。至战国时，其领土北接中原（黄河中游），南邻百越，东抵大海，西有巴蜀，成为战国七雄之一。楚国本土的巫文化渐与中原文化相融合，产生了独特的"楚文化"。楚国的贵族有昭、屈、景三氏，庶族则有熊、罗、鄂、督、龚、申等。而巴郡蛮酋则有七姓，是为罗、朴、督、鄂、袭、夕、度。巴南有六姓，为盘、冉、元、巴、李、田，据说此六姓都为盘瓠氏（盘古氏）之后。

西戎族则以姜姓为最大，传说为炎帝的后裔，与羌族同缘；西部的秦国则以嬴姓为首，是华夏族同戎族交融而生的姓族。秦国势力增长很快，单穆公时就兼并了12个戎国，略地千里，雄霸西部。

屈原

而此时，地处华北的晋国也兼并20余国，融合了北部戎狄之邦。齐、鲁等国雄踞东部，兼并了散居于辽东、山东和苏北等地的白夷、赤夷、风夷、黄夷、林方、人方、孟方等数十个夷族部落、方国，华夏族进一步扩展。

经过春秋战国时期社会激烈的动荡，西戎、北狄、东夷、南蛮的众多"大姓"都融入了华族姓氏之中。

西晋至隋唐：五胡南下改汉姓

西晋末年，政权更迭频繁，国力空虚，民生凋敝，长期以来受压迫的北方少数民族趁机大规模起兵南下，与汉族政权分庭抗礼，是为"五胡乱中华"。此"五胡"是指匈奴、鲜卑、羯、氐、羌这五个民族。

匈奴亦称"胡人"，也即古文献中所说的"鬼方"、"昆夷"、"犬戎"。匈奴与华夏族有近亲关系，如《史记·匈奴列传》就云："匈奴，其先祖夏后之苗裔也。"汉时，匈奴与

匈奴人

汉和亲,刘姓公主下嫁匈奴王室,其中有人从母姓为刘氏。刘氏成为匈奴族重要的贵族姓氏,与原来的贵族姓氏呼延、卜、兰、乔四支并行。

北魏孝文帝

"东胡"鲜卑族世居辽东、辽西及塞外,魏晋之际,其中的宇文氏、慕容氏、拓跋氏逐渐发展壮大。公元386年,拓跋氏建北魏,到孝文帝时大力推行"汉化政策"。孝文帝下令,各部落的鲜卑语复姓,都要改为音义近似的汉字单姓。皇族拓跋氏带头改元氏,贵族九姓也都相应汉化。此为汉化的主要措施之一。据《魏书·皇族官氏志》载,鲜卑族各复姓除少数保留外,基本上都改成了汉姓。

羯族向来依附匈奴,散落居住在上党郡一带,同汉人杂处,后改用汉姓,如建立后赵之石勒即为羯人。氐族自称是盘古后裔,魏晋南北朝时居于武都郡(今甘肃武都)及凉州(今宁夏、甘肃一带)一带,后逐渐入关同汉人杂居,改用汉姓。羌族又称西戎,同华夏族有较近的血缘关系,如西周时就有姜姓与姬姓之戎。羌人散居于凉州各地,较早地采用了汉姓,如后秦国的将领姚苌即是。

经过这次民族大融合,至隋唐两代,许多重要的政治、文化及军事人物都具有了鲜卑或其他兄弟民族的血统。唐代民族交融及"胡姓汉化"主要出现在西域诸国(今新疆及中亚地区)及南诏国(今云南一带)等地,有西域的"昭武九姓"、"突厥十姓"及"南诏六姓"先后改用汉姓。

宋至清：诸族姓氏渐次全面汉化

两宋以及辽、金、元、明、清各代，姓氏交融的基本特征表现为"胡姓汉化"。

宋元之际形成了一个新的民族——回族。回族日常使用汉语，用汉字姓氏。回族常见的汉姓大致有三类：一是借用最常见的汉字姓氏，如张、王、李、赵、刘、周、曹等；二是以伊斯兰教谱系为基础所改的汉字单姓，如拜、撒、定、虎、沐、敏、纳、赛、妥、脱、鲜、衣等；三是以阿拉伯语的伊斯兰人名为姓源，用与其发音相近的汉字为姓氏，如白、丁、洪、古、兰、马、穆、麻、宛、满等等，其中两个最常见的姓马、穆，据说就是借用"穆罕默德"的汉译音、字而来。

魏晋南北朝时的鲜卑族，隋唐代称为契丹。契丹君主称"达里呼氏"，其他贵族大姓有耶律氏、舒噜氏、萧氏、李氏等十余个姓氏。五代时耶律氏建立大辽国。其母族萧氏本姓舒噜，因仰慕汉代名相萧何而改姓萧。党项人是鲜卑人的后代，北宋时期建立西夏国的李姓，先世本姓于弥，唐末接受赐姓改姓李。可以说，两宋时，原来鲜卑族的姓氏已大部分汉化。

萧翰

金人在隋代时称靺鞨，在渤海一带称王，姓"大氏"，后为契丹所灭。其遗族避居高丽完颜部，改姓完颜，宋代称之为女真族。其贵族大姓有完颜氏、钮祜禄氏等十余个姓氏。女真后演化为满族，公元1636年入关，建立清朝。

蒙古族与回鹘、突厥血缘关系较近。大概从唐中叶开始逐渐与居住于蒙古高原的突厥人相融。后来蒙古部首领铁木真统一了蒙古众部，建蒙古国，其部众称蒙古人。公元1279年，成吉思汗之孙忽必烈统一全国，建立元朝。元朝蒙古贵族著名姓氏有伊喇氏、扎拉尔氏、奇氏、伊奇哩氏、鄂尔和达氏等十余个。随着与汉族的逐步融合，这些姓氏后来也渐渐改为单姓汉姓。

在清代"姓氏"满语称为"哈拉"。满族"哈拉"共达600多个，其中新增姓氏有139个。满族姓氏中最著名的有八大姓氏，即董（董佳氏）、索（索绰多）、祈（齐佳氏）、关（瓜尔佳氏）、马（马佳氏）、富（富蔡氏）、安（纳喇氏）、郎（钮祜禄氏）等八大姓。康熙、雍正年间，这些姓氏逐步改用汉姓。所用姓氏，或借用家族谱中的字辈排行字（如薄、毓、恒、启）、或使用原名中的"首字小姓"，类似古代的"以名为氏"、"以字为氏"的做法。

此外，朝鲜族、苗族、台湾的高山族及其他少数民族也在不同的历史时期先后改用汉姓，如现在朝鲜族用的407个姓氏，早在15世纪时就已汉化。

亡国俘虏，被迫移民

战国末年，秦国侵吞六国，俘获了六国大量的臣民。秦平巴蜀之后，迁徙大批人口入蜀垦殖，其中很大一部分为山东（崤山、函谷关以东）被俘臣民，是为"山东迁虏"。及至秦国灭六国，统一中国，为充实关中一带，削弱六国遗族的反叛势力，秦始皇将六国旧族大姓，天下富豪十二万户迁到京城咸阳，以加强控制。

秦朝末年，起义纷起，六国旧族也乘势而起，以复国为口号，拥兵割据。汉高祖刘邦以一介平民，扫灭群雄，一统天下。由于六国旧族死灰复燃之例在先，刘邦接受娄敬的建议，迁齐、楚旧族田氏、景氏、昭氏、屈氏、怀氏五个大姓及韩、魏、赵、燕之豪族于关中地区。景帝、武帝、昭帝、宣帝，也多次徙六国之民戍守开边，有达七十二万五千余人被迁移。移民之地多为"戎狄蛮夷"杂处的定襄、云中、五原、朔方、代郡、北地、上郡、陇西及云阳、会稽诸郡。如此一来就进一步分散、削弱了六国旧族的反叛势力，加强了中央的权力，巩固了封建统治。其另一个结果就是，改变了六国大姓"以国为氏"、"以邑为氏"、"以乡为氏"、"以亭为氏"的局面。这也是后世一些"以地为氏"的家族，其得姓发祥地，常与姓氏郡望不一致的原因之一。

汉高祖刘邦

汉族大姓，避乱迁居

两晋时期，中原汉人第一次大规模南迁。西晋末年，中原地区战乱纷仍，周边部族内徙建立割据政权。晋怀帝永嘉四年（310年）匈奴攻陷洛阳、掳走怀帝，司马睿率中原汉族臣民南渡，在建康（南京）称帝，史称晋元帝，此即为"永嘉之乱"，至此西晋开始。其实，由于中原的纷乱，早在永嘉二年（308年）就有大批中原人蜂拥入闽，这就是有名的"衣冠南渡，八姓入闽"。此八姓有林、陈、黄、郑、詹、邱、何、胡，为迁徙的主要大族。这是北方汉人同闽人的第一次大融合。在这次"入闽"迁徙中，相当一部分人在福州地区定居，使得当地的人口增长一倍以上。

历史上中原河洛地区还有多次大批人口因战乱原因入闽的事。一次是唐僖宗年间，河南固始王潮兄弟，率寿州、光州之民揭竿起义，渡江南下，转战于江浙、湖广一带。885年，进入闽南，后占据福建全境，割据一方。其子孙后裔定居繁衍，发展成中华王氏的一大支系——"开闽王氏"。追随王氏入闽的部属，还有陈、王、李、杨、周、郭、张、吴、蔡、郑、曾、谢、苏、何、施、廖、卢、孙、高、沈、马等27姓，以河南固始人最多。此外，宋朝末年避元难奔入闽者也不少。这些移居者在闽南定居下来，使得中原文化在政治、军事、经济制度与语言、生产技术、教育、文学艺术、宗教信仰、风俗习惯等诸方面全方位进入闽南，成为闽南漳州地区的主流传统文化。

守边守陵，定居异地

历史上，各代王朝或割据政权，为维护统治、加强边防，常调用大批军士、民众，留戍边防或垦殖。例如秦代留戍长城和岭南地区，移民巴蜀；汉代派兵留戍西域，监控匈奴；唐时入闽垦漳，宣抚南诏；明代驻守云南，留戍辽东，当时都有大批将士军卒长期驻守边地，有举家随军者，也有在当地娶妻生子者，世代相传，留居异域。如唐高宗总章二年，高宗派将领陈政及其子陈元光率军入闽，开发漳州，随之入闽定居者达58姓。各姓繁衍开来，开宗立派，落地生根。陈元光被人尊称为开漳圣王，陈氏后成为闽、台一带最大的姓氏。另有明代将领沐英，奉旨南征，带兵入滇，世袭王爵，沐氏成为云南豪族。冲、腾、齐、李等氏也随沐英入滇，世居其地，成为大族。

更为特别的是，各代帝王为修建皇陵，驻守陵寝，常调集大批士卒民夫，作为陵户，驻守其地，久而久之，家族繁衍，渐成乡邑。如汉高祖曾迁徙六国后裔与一批富豪之家于长陵，汉武帝徙郡国豪富及资产二百万以上望族于茂陵，汉昭帝徙民于云陵。此外，唐代修乾陵、明代修孝陵、清修东陵时，都曾招募迁徙大量的士卒、民众，戍守陵寝。这些被招募或迁置的军士、百姓，往往世代留居。可以说，这是中国姓氏迁徙史的一大特色。

官职调迁，举族迁徙

在"官本位"的封建社会中，一人调职举族迁徙为常见现象，这就是所谓的"一人得道，合族升天"。尤其是两汉魏晋隋唐时期，门阀制度盛行，一些手握重权的朝廷要员或久卧一方的割据势力，因世代在异地做官，往往携亲带友前往，如此一来族大人多，且身世显赫，便形成了异地望族。此为姓氏迁徙中最为普遍的现象，也是同姓家族中支系繁衍的一个重要途径。

人丁兴旺，奉命迁徙

几世同堂，是中国封建社会家族的重要形式，也是被标榜为美德的传统伦理。所以，几代合居的大家族，历代都不乏其例。由于族大人多，它们往往成为在地方上颇有影响的强宗大姓，也常常被当局猜忌，被强令迁徙。这其中最有代表的当数江州义门陈氏。

据家谱资料所载，江州陈氏为

陈武帝陈霸先

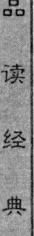

陈武帝陈霸先之后。陈朝被隋文帝灭后，其后裔隐居于江西德安县太平乡常乐里永清村。该陈氏以孝悌治家，聚族而居，历经隋、唐、五代，至宋仁宗时，二百三十多年间十九代同炊共居。其人口达三千七百余口，田庄有三百多处，实属人间奇迹。在标榜以孝悌治天下的封建社会中，这个家族受到历代统治者的褒奖，有义门陈氏之美誉。但是这样一个庞大的家族势力，又必然会引起当局的猜忌。宋嘉祐七年，即公元1062年，仁宗谴江南西路转运使谢景初至永清村，"监护"义门陈氏分别迁移；依字辈排行，将各房支系分为大小二百九十一庄，分别迁至各府州县。其中江南有一百一十庄，两直隶州及闽、浙、湖广各九十庄。元末明初，大汉王陈友谅兵败之后，义门陈氏又被当局第二次强令分别迁移，致使后裔遍布各地。我国近现代历史上的一些知名人物，如陈独秀、陈立夫、陈果夫、陈毅、陈赓、陈云等，均系江州义门陈氏分别迁移到各地支派的后裔。

陈友谅兵败

第肆篇 姓氏的属性

中国的姓氏来源千头万绪，类别五花八门，若给其分门别类，大概有五大类：历史类、地域类、纪念类、职业类和民族类。随着社会的发展和人口的繁衍增长，姓氏日渐增多，姓源也越来越复杂。如革命年代地下工作者使用化名；一些艺术工作者或作家用艺名；独生子女成家后，兼采夫妻双方姓氏为孩子取名等。另外，涉外婚姻中后代兼用中外姓氏者也十分常见。凡此种种必导致中国姓氏日渐繁多。

历史类

历史类姓氏是指以先祖的图腾崇拜物为姓,含义与生活、生存发展紧密相关的古老姓氏及一些少数民族姓氏,多应归于此类。

· 图腾姓氏 ·

上古时期,各氏族都有自己的图腾物,后来许多图腾演变为姓氏,如传说夏之始祖母梦见流星贯地,化而为神珠薏苡(车前子),吞之,次日生禹,禹遂以"姒"为氏。以薏苡为神珠,实乃以薏苡为图腾,而"姒"即取"苡"与"女"(用以明姓)而来。又如东夷众多部族以鸟为图腾,有"鸟夷"之称,不少图腾鸟名后成为姓氏,如鸟氏、凤氏、爽鸠氏等等。

至于少数民族地区,以图腾为姓的例子更多。如云南彝族的括扒人以荞麦为图腾,故姓荞;拉祜族的图腾物为虎,故拉祜人有姓虎者。此外少数民族中之水鸟氏、野猫氏、孔雀氏等,均是以图腾为姓氏类。

· 母亲姓氏 ·

姓产生于原始社会母系氏族公社时期,其时,人们只知其母,不明其父,世系的计算以母系为准。凡在一个氏族名下的成员均出自共同的母系祖先,是从母而得姓,因此中国最早的姓大都带有"女"部,如姜、姬、妫、姒等。同姓成员都出

鸟图腾

于同一母系始祖,有血缘关系。先民们经过长期的生活实践,逐步明白了"男女同姓,其生不蕃"的道理,因而在原始社会中后期,已严禁同姓结婚。所谓的"氏同姓不同者,婚姻可通;姓同氏不同者,婚姻不可通"之俗,即源于此。同姓氏族内成员不可通婚,异姓氏族之间可,子女生后即跟随母方,用母姓。

姜嫄

地域类

地域类姓氏是指以出生、居住、生活的地方为姓氏来源,如以国命氏,以邑命氏等。

· 国名姓氏 ·

以国为姓,大体有四种情况:

一为以古封国为姓。周建立后大封诸侯,各诸侯国子民以国为氏的情况颇为普遍,如周武王封其十三弟振择于曹地,振择立曹国,称曹叔振择,后该国为宋国灭,其子民以国为氏,称为曹氏;炎帝后裔姜子牙封于齐地,建齐国,后国灭,其子孙称齐氏。另外,秦代以后,受封郡国之诸侯王,其后代有以郡国为氏者。如楚汉战争时,项羽因张耳贤德,封他为常山王,治信都。信都后更名襄国。张耳后人有以"襄"为姓者。

二为古时周边少数民族小国归附中华后，以国为姓。例如周成王时，边区有西申国，国内有人来中原献凤后留居，是为西申氏；汉武帝时，有西羌滇国降汉，其后人称滇氏。

三为古时异国人有来华留居者，以国名为姓。唐代时，西域有米国（今俄罗斯境内），其国人有来华定居者，遂以米为氏。古时，印度称天竺，国中有人来华留居，后以竺为姓。

· 封邑姓氏 ·

周代各诸侯可在自己的封国内对公卿大夫及有功之士赏赐封地，称"食邑"或"采邑"。受封之人有以邑为氏者，且为数颇多，如晋国大夫豫因食邑于邴地而称邴氏，亦作丙氏；老子之孙李宗事晋国，初食邑于段，后邑于干，故称为段干氏；周昭王之子溢的采邑在翁地，故称翁氏；梁文王之子的食邑于卜梁，后代就以卜梁为姓；楚武王之子瑕的封邑在屈地，因此称屈氏，诗人屈原即为其后裔。

以封邑为氏，最初多是先由接受封邑之人在其名字前面冠上封邑名，以此为名谓称号，以示荣耀，其后代子孙便将之传承为氏。例如周文王之子聃食邑为毛，是为毛伯聃，子孙便称毛氏；晋靖侯有孙子名宾，食邑于栾，故称栾宾，子孙称栾氏。

· 任所姓氏 ·

以担任某地职守而为氏，此种情况在春秋战国时较为盛行，是以封邑命氏的变相衍生。因为氏最初大概为王公贵族的专有。是否有氏是一个人出身贵贱、地位高低的标志。因此，在某地为官，而以该地地名为氏，大概也有示荣耀的意思。春秋战国时，社会处于大变革之中，各诸侯国需要大批有能力的人。一些有能力、有学识的平民被各国任用为官。有些人因有功被赏赐封地，但有些人论资历还不足以受封，只是在做中下层官，因而没有氏。大概为了显示自己的身份已有别于平民，他们也往往在名字前冠以任所名。其后代便也将之传承为氏。如历史上楚地兰氏、权氏，鲁地之匡氏等，均因其祖上曾分别担任兰县、权县及匡县县尹而得姓。

纪念类

纪念类姓氏是指以先祖或部族的名字、徽号、谥号等为姓氏来源，如以字命氏、以名命氏、以族命氏、以谥命氏、以爵命氏等。

·族号姓氏·

以祖先族号为氏，可追溯到原始社会氏族公社时期。如陶唐氏部落领袖为尧，尧之后裔有以唐为姓者；舜为有虞部落首领，如今的虞姓，便有一支为古圣君舜的后裔。此外夏、商姓中都有一支来源于夏（禹以及其子启都做过该部落首领）或商部落（商朝的建立者汤属该部落）。

另外，此种情况在古代少数民族中也十分常见。如汉代鲜卑族慕容部以慕容为氏；古匈奴有呼衍部，后内附中原，以呼衍为氏，即后来的呼延氏；古辽东之宇文部、完颜部，后以宇文、完颜为氏。

尧帝

·封爵姓氏·

以爵为氏者，大多数为王侯公室等贵族之后。如王、公、侯、公孙、公士、庶长等姓氏，都以其始祖爵位封号命氏。而同姓未必是同源同宗，如王姓，有"姬姓"（周代王族）之王，比如"太原王"；有子姓（商姓）之王，如"汲郡王氏"（商比干后裔）；有"妫姓"之王（舜帝之后）；有"虏姓之王"（由少数民族汉化而来）；也有亡国后的王孙公子改姓王者，因姓源较多，所以王氏人口众多，自古为中国大姓。以爵命氏的同一姓氏中，为区分"族系"，又衍生出"以爵系命氏"的复姓类别。如"王氏"又有"王孙氏"、"王叔氏"；"公氏"则派生出"公子氏"、"公孙氏"。

公孙龙

· 名、字、号姓氏 ·

此类姓氏大都来自古代帝、王、名臣、名士的名、字、号。如禹氏为大禹之后；汤氏为商汤之后；员氏为楚名臣伍员（子胥）之后；甲氏为商王太甲之后，这些都是以名为氏。"以字为氏"较为著名的如，白氏为秦国大将白乙丙之后，白乙丙本姓蹇名丙，白乙为其字；春秋战国时宋国大司马公孙嘉字孔父，其子以父字命氏，称为孔氏。

以号为氏最早起于周以前。如周朝先祖姬昌自号文王，其后人有以"文"为氏者。自周昭王、穆王开始有谥号，即在帝王、名臣死后为其追加褒奖之词，是为"生有爵，死有谥，贵者之事也"。其后世子孙引以为荣，便以谥命氏。如楚庄王之后有庄氏，宋武公之后有武氏，齐桓公之后有桓氏等。

· 要事姓氏 ·

以事为氏者多含有纪念意义性质。如夏代少康帝的母亲为避追杀，从家中后墙一洞穴逃出，此时她怀有身孕，回娘家后生少康。后来，少康复国中兴，为纪念这件事，便令小儿子改"窦"氏，而"窦"即是洞穴之意。又如汉武帝时，丞相田千秋年迈，武帝每诏其入朝议事，特准他乘小车出入宫，时人由此称之为"车丞相"，其后代遂有以"车"为氏者。又如相传林姓始祖为纣王比干。比干被害，夫人正有孕在身，出逃时在一树林生子。后周武王赐此子林姓，以纪念比干。

比干

职业类

职业类姓氏是指以先祖所从事的工作、官职、技艺等为姓源。如以官命氏、以技艺命氏、以事名氏、以职命氏等。

·官职姓氏·

以官为氏者，多以其所担任官职的职能、性质为氏。比如春秋时期，管理市场的官员称"褚师"，鲁、宋、卫、郑等国均设有此职，该职位子孙世袭，后便有"褚氏"。帝尧时，皋陶担任执掌刑狱的大理职务（即司法官），子孙世袭该职，称"理氏"。商纣王时理利贞因直言进谏而获罪，他避难于伊侯之墟，"食木子（树上的果子）得生"，遂改"理"氏为"李"氏。周大夫辛有，二子在晋国担任"董史"（管理晋国典籍的史官），后代便以官为氏，称"董氏"。周代宫廷中有专管储冰的官员称"凌人"，其后代便为"凌氏"。再有司马、司徒、司空、司寇、司城、司功等姓，都是以官为氏。

·技艺姓氏·

古代百工技艺多子承父业,世代相传,相沿既久,遂以为氏。

如以陶冶为业者为陶氏。据载,周朝初年,虞阏之父虞思为陶正,即掌管陶器制作的官职,其后代世代以制陶为业,后以陶为氏。又据《左传》载,周初,武王弟康叔受封为卫侯,分到"殷民七族",其中就有陶氏,即掌管制作陶器的工匠。

又如以卜巫为业者称巫氏。古人相信天地万物都有神灵,且可以通过精神感召使神降临,于是便出现了专以舞蹈来感召神灵的职业——巫(巫字古文像人挥两袖而舞)。相传黄帝时有巫彭为人治病,他不仅是中国医学及祝祷、占卜的鼻祖,也是巫姓的始祖。商朝人尤其迷信,无论做任何事,他们事先都要进行占卜,而巫就被看作是神的代言人,所以巫在朝廷中的地位很高,相当于国师。商朝太戊时有大臣叫巫咸,是筮(用蓍草占卜)的创造者,其子巫贤也精于占卜之术,是商中宗祖乙的辅弼大臣。如今的巫姓有很大部分属于该支。

巫马施,名施,字子期,亦称巫马期。孔子弟子七十二贤之一。

诸如此类的姓氏还有农氏、工氏、药氏等。

巫马期

民族类

中国是一个统一的多民族国家,由五十六个民族组成。

在漫长的历史中，各民族在经济、文化、政治制度不断互相影响，繁多的姓氏制度也互相渗透。我国历史上先后出现过一万多个姓氏，其中约有两千多个来自少数民族，中国的姓氏文化由此蕴含了浓厚的民族特色。我国五十多个少数民族中有的从来没有姓氏，如怒族、佤族等。有的最初有姓氏，但习惯上不注重，后来，他们的祖姓便失传不被用了，例如维吾尔族。

·满族姓氏·

满语称姓氏为"哈拉"。据史料载，早在隋唐之际（也有的认为是在北魏时期）满族的前身靺鞨就有了自己的"哈拉"。到了清代，据当时的《皇朝通志》载，满族的"哈拉"有679个。其来源大概有五：一是以动植物等图腾崇拜物为氏，如尼玛哈氏（汉语意为鱼）、萨克达氏（汉语意为野猪）、依喇氏（汉语意为黍）等；二是以部落名称为氏，如爱新觉罗、瓜尔佳等最初都是部落名；三是以居地名命氏，即用所居地名、山名、水名等命氏；四是辽、金、元时期旧族大姓的沿用，其中金代旧姓有27个，辽代旧姓有1个，元代旧姓为7个；五是以父祖之名的首音节汉字做姓，如舒穆禄氏有名字为万鲜丰者，其后代便以"万"为姓。

清亡后，满族大多改用汉姓，改姓方式大概有二：一是复姓改单姓，如董鄂氏改为董氏，佟佳氏改为佟氏；二是取用意译汉姓，如"阿古占"满语为"雷"意，阿古占氏即改为雷姓；"倭赫"，意为"石头"，倭赫氏即改为石姓。

·蒙古族姓氏·

蒙古姓氏最初使用于贵族阶层，用以显示部落血统的高贵、自己祖先的功业及社会地位。后受汉族影响，大多改为单姓。如今蒙古族通用姓氏，大概有以下几大来源：一是以部族汉语意为姓，如博尔济吉特氏、永谢氏，二者后分别演变为包

氏和云氏。二是取父祖之名的第一个字为姓，如元代著名将领沙全，因其父名为沙的，便以沙为姓。三是取谐音汉字为姓，如伯颜氏首字"伯"与"白"谐音，后人便以白为姓；"敏罕"蒙语为"千"意，敏罕氏便以谐音汉字"钱"为姓。四是随母姓，如汉代公主（刘氏）下嫁蒙古族单于，后代便有以刘为姓者。五是直接取用汉族大姓。如王、李、赵、张等，即是其例，该现象在汉化较深的文人、官吏中较为普遍。

霍去病

·回族姓氏·

回族姓氏多来自于古回人姓或名之汉语音译，宗教色彩浓厚。回族人多以伊斯兰教创始人"穆罕默德"名之首字为姓，明、清时著述多将"穆"译为"马"，因此如今回族中马姓最多；其次，回人往往用古伊斯兰教圣人或父祖辈名字中的某一音节作姓氏。如以、白、来、金四个姓，即伊斯兰教圣祖"易卜拉欣"四个字的音译；元初有阿拉伯贵族"纳速喇丁"来华定居，其后代中便有纳、速、喇、丁四氏。再次，部分为帝王赐姓，如：沐氏、郑氏、达氏等。

因回族取姓时，多采用与其原始名谐音或相近的汉字，因此就产生了许多奇僻姓氏，如忽、拉、剌、撒、麻、朵、者、也等等。以上姓氏在发展过程中，有的已被同音的汉姓替代，如"合"变为"何"，"速"变为"苏"，"忽"变为"霍"等。

·藏族姓氏·

藏族姓氏起源较早，最初贵族才有姓氏，后在汉族的影响下，姓氏通用。关于藏族姓氏来源的说法，有带传说色彩的，也有与现实贴近的，归纳起来大概以下四种：一是传说中神猴（藏族图腾）的6个后裔，即所谓的"原人六姓"，具体为木、惹、朱（柱）、色、董、东六氏。此六氏后又发展为18个氏。二是相传藏族首领聂赤赞普为天神下界，他传下第一个王族，后衍变为父系6族，即为洛、聂、琼、努、色、保六氏。三是传说密宗法师琼保·较塞降魔除邪，为人免祸消灾，恶魔一见他就吓得发出"米拉、米拉"的哀号。人们为表其功德，称其家族为"米拉氏"，米拉氏是藏族的一个大姓氏。四是藏族大多数家庭房名（世袭的庄园名称，没有血缘意义）世代相传，成为姓氏。如13世达赖喇嘛之父被封为公爵，人们便以他家原住的庄园朗敦-豁卡来称呼这个显贵家庭，他家的人名前都冠以"郎敦"二字，"郎敦"遂为姓氏。此类姓氏有韦氏、谷米氏、雪魔氏、华秀氏等。

韦见素

· 壮族姓氏 ·

壮族是我国少数民族中人口最多的一个，是我国唯一的人口超过千万的少数民族。

壮族姓氏大概有以下几种来源：

①部分姓氏由原始的图腾崇拜发展而来。如龙姓，源于对古代蛟龙（壮人称鳄鱼为蛟龙）的崇拜；麻姓之"麻"，壮语中是狗的意思，以此为姓源于古代部落对狗的敬仰。

②以职业技艺为姓。如，蓝（壮语指用竹或藤编织篮子）氏，其祖先即擅长编织篮筐；巫氏，其先人即擅长驱邪祈祷之巫术。其余养黄牛的就以"莫"（汉语意为"黄牛"）为姓，

会猎鸟的以"陆"（汉语意为"鸟"）为姓等。

③壮族部分姓氏与居住的地理环境有密切关系。如，"农"壮语是森林或树木浓密的意思，农氏最初即指住在森林里的人；"谭"壮语意为水塘，谭氏最初即指住在水边的人们。

从一定程度来说，现今壮族中的部分姓氏是汉族文化影响的结果。但这里需要注意的是，从字面上看，有些壮族姓氏与汉姓同，但却不同源，如前述莫姓、陆姓、麻姓、黄姓等。

·傣族姓氏·

古代傣族人本无姓，后来出现一个"刀"姓，为明王朝赐给当时西双版纳傣族最高统治者的姓。故而此姓在阶级分明时一直只在贵族阶层使用，之后，阶级贵贱之别没有了，一些无姓的傣人就喜欢在名前冠以刀姓。近年来，随着汉傣通婚率的增多，子女多从汉人父母姓，于是张、王、李、周等汉姓大量出现在傣人中。

·苗族姓氏·

古代苗族人本无姓氏，但如今苗民有许多汉姓如吴氏、梁氏、王氏、朱氏、潘氏、张氏、杨氏等。这些汉姓为清代官府登记户籍时根据户主苗名汉译音记录而成，即按苗语读音用同音汉字写成。如吴氏人为清代苗人务收公的后代，务收公被登记作吴收，其后人便有了汉姓，称为吴氏。

传说中的苗民

第伍篇 郡望和堂号

谈到中国的姓氏，很容易使人想到一直在我国流传甚广的「郡望」「堂号」问题。过去民间嫁娶的名帖上或官宦人家的府第中，往往在自己的姓氏之前，还要冠以一定的名号，如「陇西李氏」「三槐堂」「彭城刘氏」「汝南周氏」等等。这些在姓氏以前的「陇西」「三槐」等代表什么？其实，这就是郡望、堂号。

谒祖朝宗的依据
——郡望

姓氏多起源于汉代之前,于今天已是非常遥远。如今所说姓氏的重要郡望,多数是汉晋时代郡名。因此,郡望情况并不能准确说明姓氏起源问题。不过,作为一种载体,它又与姓氏的发展情况密切相关。

现在人们还很重视自己姓氏的来历和在历史上的重要郡望。特别是如今在异国他乡生活的华人,大都把记载自己姓氏、祖居郡望情况的家谱视珍宝一样珍藏。他们常常通过姓氏和所出郡望来联宗认亲。据有关资料,在当今台湾,96%以上的汉族家庭,都牢记着祖上曾居的郡望。每遇红白之事,许多家庭都会在门前悬挂标有祖居郡望的灯笼,以此表示对故土先人的眷恋之情。

近年来,随着全球寻根热潮的兴起,海外炎黄子孙纷纷回到国内,旅游观光,寻根问祖。祖居郡望成为他们追寻家世渊源、谒祖朝宗的重要依据。可以说,"姓氏郡望"成了联系海内外炎黄子孙的重要纽带。

· 何谓郡望 ·

郡望,为"郡"与"望"的合称。"郡"是在中国古代沿用了一千多年的行政区划。春秋时,秦、晋、楚等国在边区置县,后不断在内地推行。春秋末年,各国纷纷在边地设郡,战国时又在郡下设置县,县统于郡的两级行政区划制度基本成形。秦统一天下后,将全国分为36郡,后增加到40多个郡,郡下设县。汉至隋唐沿用秦代的郡县制,但是具体的郡县划分方法有所不同。到宋代,"郡"这一行政区划被废除。

"望"即名门望族,"郡"、"望"连用,即表示某一地辖内的豪门大族。秦汉以后,有些家族因世居某地,人才辈出,或由于为国家建功而被加官封爵,荫及后世,从而积累下巨大的财富和威望,遂成为一地豪族,这种家族因为当地人所仰慕瞩望,所以称为"郡望",并以此而与其他同姓支系不同。

·两汉门阀制度的产生与盛行·

所谓门阀,即门第阀阅,是指封建社会中世代显贵、威望高、影响大的姓族家门。这些所谓"高门大姓"通常是由家族人物的地位、权威和声望自然造成,一旦形成则世代传承。有时官方还明确宣布某姓为望族大姓,甚至划分出具体的姓族等级,为门阀排序,姓族间地位权益各不等,是为门阀制度。

门阀制度萌芽于西汉,汉代刘氏皇族从各经典中寻章摘句,论证其为上古帝尧之后,血统高贵,声称他们是顺应天意称帝为王的。西汉末年,王莽篡位时也制造舆论,说王氏为帝舜之后,他是天生要当皇帝的。他还用法律手段公开宣称他们的王姓,为天下最高的大姓望族。东汉刘秀的政权其实是在豪族地主的拥护下建立的,因此他十分注意保护世家豪族的利益。此时门第等级观念盛行,门阀制度也初步成形。那些所谓的高门望族在社会上的势力和声望世代累积,各以门第自诩且互相吹捧标榜,构成一种具有特殊身份、享有特殊权利的社会集团,此即为"大姓""士族""冠族"。

光武帝刘秀

由于门阀制度的存

在，姓氏直接对一个人的社会地位、婚姻问题，以至前途命运造成影响，甚至连日常交往、场面座次都被明确规定了。门阀士族世代把持一方，成为地方豪强，乃至地方政府都要惧之几分。

· 魏晋名门望族与寒门庶族 ·

门阀制度在魏晋南北朝时期更加盛行，同高门望族相对，门第较低、家世不显的普通中小地主家族则被称为"庶族"或"寒门"。庶族有一定的土地、财产，也有为官的机会，但总体说来，他们在政治生活中很受压抑，其社会地位无法同门阀士族相提并论。这种现象在当时用以选拔官吏的"九品中正制"的施行中表现得尤为突出。

所谓"九品中正制"是根据门阀家世、才行品德，由各地的中正官采纳乡里舆论，将人才分为九个等级向上推荐，以便朝廷任用官吏。但是，"九品中正制"一颁布，以家族为基础而盘踞于地方的门阀士族，很快就垄断了荐举权。其结果便是，选才荐官只论门阀家世，不考虑才行品德。名门望族的子弟，即便是无才无德，也位列上品优先入仕，被授予显贵清闲之职。而出身不高的庶族子弟，就算才德超群，也被列入下品，即使入仕，也只可就任士族所不屑的卑微之职。由此便形成了"上品无寒门，下品无士族"的局面。而东汉末年选拔、任用人才时出现的"举秀才，不知书；举孝廉，父别居。寒素清白浊如泥，高第良将怯如鸡"的尴尬现象依然上演着。

· 开科取士后的"题郡望"余波 ·

隋唐时期实行开科取士，授官选吏不全以出身论，世家大族的政治特权基本消失。但由于长期以来形成了姓氏、郡望标明出身门第贵贱和社会地位的现象，受此影响，用郡望来标注姓氏的习俗，在此时仍然十分盛行。由于唐代士人好标题郡望，以致官方修史时也不详细考辨人物的家乡籍贯，只是题署郡望了事，这就造成了历史人物籍贯的混乱。宋时人们也常以郡望自标，其实宋代郡的行政区划已取消，此时所称之"郡望"，乃是沿袭魏晋至隋唐时定型的称谓。比如，北宋史学家刘攽有两种著作分别题为《彭城集》和《中山诗话》，这里，彭城和中山都是刘氏郡望，非其籍贯，而刘攽的籍贯为临川新喻（今江西新余）。北宋姚铉本是庐州人，但却自题郡望为"吴兴"。明清时标志郡望之例也不少见。如明代郑真为浙江鄞县人，但其作品集却题为《荥阳外史集》，原因就在于荥阳乃郑氏的郡望。又如，清代医学家薛雪，苏州人，自题郡望则曰"河东"，实在是因为"河东"乃薛氏郡望之故。

弘扬祖德的标志
——堂号

"堂号"，本来是厅堂、居室的名称。因古代人多聚族而居，数代同堂，或同一姓氏的支系集中居住在某一处或相近数处宅院、庭堂，于是堂号便成为了某一同族人的共同徽号。同姓族人为祭供共同的祖先，会在其宗祠、家庙的匾额上题写堂名，所以堂号也含有祠堂名号之义，为表明某一家族源流世系，区分族属、支系的标记，是同族人用以弘扬祖德、敦宗睦族的符号标志，是中国人寻根意识与祖先崇拜的体现。

堂号不但题写于宅院厅堂、祖庙宗祠、家谱封面，而且也题写于店铺、书斋、文集书画及日常用具（如车舆、钱袋等）上，用以标明姓氏族别，作为本族标记具有深厚的文化内涵和实际意义。

堂号，有广义与狭义之分。广义的堂号同姓氏的地望相关，或以姓氏的发祥祖地，或以其声名显赫的郡望为堂号，称为"郡号"或者总堂号。如李氏有"陇西堂",王氏有"清河堂"等。由于姓氏支派的发祥地和郡望不同,故而同一个姓氏会有若干个郡号。狭义的堂号,也叫自立堂号,在同一姓氏中,除了广义的郡号外,往往以先世之德望、功业、科第、名号或祥瑞典故,自立堂号,其形式多样,不胜枚举。

可以说,堂号作为家族的徽号和别称,不但有很明显的地域特征与血缘内涵,具有区分宗系、血缘亲疏的社会功能,而且还带有浓厚的封建宗法色彩,既高度概括了某一姓氏家族的特色,也反映了当时的社会形态。

· 地域为堂号 ·

以地域命名堂号的现象最为普遍。此种堂号往往和各姓氏的郡望相关。如诸葛氏,系出葛伯,望于琅琊,发祥地为山东诸城,后世遍布各地的诸葛氏,大多数都以琅琊为堂号。又如海氏的"薛郡堂"、徐氏的"东海堂"、欧阳氏的"渤海堂",以及呼延氏的"太原堂"、陈氏的"颍川堂"等,均是以地望为堂号。此外诸如陇西李、赵郡李、中山李,太原王、京兆王,安定张、河内张等皆是此类。

· 先世雅号、封号为堂号 ·

封建社会各个朝代,都会有一批文人学士,品格清高,饱学多识,深为世人所推崇。其后代族人引以为荣。如晋代陶渊明不肯趋附污浊势力为五斗米折腰,遂辞官归里。因为陶渊明号五柳先生,其后人便以"五柳"为堂号,以彰其德。再如唐代李白,才高八斗,志气奇高,被后人称为"诗仙"。李氏族人引以为自豪,遂以其自号"青莲居士"四字中之"青莲"为堂号。

另外,在中华民族五千年的历史中,各个姓氏都涌现出了大批功勋卓著、名垂青史的人物,后人往往以与其功勋业绩相关的封号作为堂号。如东汉大将马援,战功卓著,名闻遐迩,被封为"伏波将军",马氏后人中便有以"伏波"为堂号者。再如唐代宗时大将郭子仪,在平安史之乱中屡立战功,把持朝政二十余年,是维系李唐王室的功臣,被封为"汾阳王"。其后人遍布各地,"汾阳堂"也成为郭氏用得最多的堂号。至今海内外郭姓子孙,仍以"汾阳郭氏"为家族荣耀。

· 先世别墅、功名为堂号 ·

为表示对先世名人的仰慕之情,各姓中都有以先人居所厅堂命名堂号的。如唐代大诗人白居易,晚年隐居于洛阳香山,自号香山居士,其子孙便以"香山"为堂号。又如唐代宰相裴度,志气高洁,其时宦官当权,他深感时事已不可为,乃罢相隐退,在洛阳午桥建居,舍内遍植花木,题为"绿野堂"。裴氏后人便有以"绿野"为堂号者。

历史上,还有一些名门大族人才辈出,科第连绵,为世人景仰,其后世遂以相关内容入堂号。如唐代闽林始祖林禄的

裴度

孙子林披，官至太子詹。他有九个儿子，九人后来都做了州牧（即州刺史），兄弟九人正好"九牧"。后人以"九牧"为堂号，以示家族地位之显。

· 嘉言懿行、规范为堂号 ·

中国人向有慎终追远的美德，往往为先世祖宗的嘉言懿行深感自豪，因此堂号也常以先人嘉言或对懿行概括之词命名。如成氏之"永敬堂"，"永敬"二字就大有来头。春秋时，成回是孔子的再传弟子，拜师于子路。成回处世接物永远保持恭敬。子路问他，他说："人为善者少，为逸者多。行年七十常恐行节之亏，是以恭敬待大命。"子路点头说："你真是君子啊！"后人便取成回该言词中心之意"永敬"入堂号。而范氏"麦舟堂"则是来自北宋名臣范仲淹济危扶困的典故。有一次范仲淹派儿子纯仁，到姑苏运麦，船至丹阳，遇时人石曼卿无资葬亲，纯仁便将麦船赠与他。纯仁回家后将原委告知父亲，范仲淹对他此举大为赞许。此典故被世人传为美谈，范氏后人遂以"麦舟"为堂号。

另外，在封建社会，各个家族常以带有传统伦理道德规范含意的词语为堂号，以劝勉族人及后人。如李氏"敦伦堂"、张氏"百忍堂"、任氏"五知堂"、刘氏"重德堂"、郑氏"务本堂"、周氏"忠信堂"、许氏"居廉堂"等，都体现了传统的道德观。此种在各氏自立堂号中，十分普遍。

· 格言祝词、吉兆为堂号 ·

格言类堂号在各姓氏自立堂号中较为普遍。如"承志堂"、"务本堂"、"孝思堂"、"孝义堂"、"世耕堂"、"笃信堂"、"敦伦堂"、"克勤堂"等等。

以美好祝词为堂号也较为常见。如"安乐堂"、"安庆堂"、"垂裕堂"、"启后堂"等。

子路问成回

寻根密码·姓氏

四七

另外,古代人对祥符瑞兆十分重视,常认其为上天预示吉祥的征兆,并以之为家族堂号。如古代百官朝会时三公面槐树而立,故以三槐象征三公,宋代王祐曾手植三槐于庭院,言其子孙必有位居三公者,后其子王旦果然位列宰相。王氏后人便以"三槐堂"为堂号。

王司徒

第陆篇 姓氏家谱

家谱又名族谱、宗谱、家乘、谱牒、房谱、支谱、谱系等,是记录家族迁徙、发展的情况和家族人物的世系、传记的书,是以一种特殊的形式组织、编写的家族生活史。

了解家谱知识

家谱又名族谱、宗谱、家乘、谱牒、房谱、支谱、谱系等,是记录家族迁徙、发展的情况和家族人物的世系、传记的书,是以一种特殊的形式组织、编写的家族生活史。

一部较为完整的家谱,一般由以下几部分组成:谱名、谱序、凡例、姓氏源流、世系考、世系表、人物传记、祠堂、坟茔、家规家训、恩荣录、像赞、艺文、纂修人名、领谱字号等。

众说纷纭话起源

关于中国家谱源起时间问题,历来有不同的说法:一说起于周代,一说起于战国秦汉时期,一说源于宋代,更有人说它产生于周以前的甲骨文、金文时代甚至更早的口头和结绳记事时代。据历代文献记载和殷墟出土的甲骨文考证,中国家谱当起源于商周时期。商代开始,人们已有了记载家族情况的意识,国君已开始让史官对公卿贵族的家族情况进行简单搜集。至周代,已有了一套相当完善的史官修谱制度,朝廷已设立专官负责全国所有贵族家谱的记载和管理,此当为我国官修家谱的滥觞。

到汉代时,已出现了较为成熟的私人家谱。汉代私修家谱主要有三种形式。第一种为自序家谱,是撰者自叙家世,也有根据谱主自述记录而成的。第二种为专门家谱,此种家谱有的载于正史列传中,纯粹叙述世系的情况,有的则是专门记载家族中人做官情况的"官谱"。第三种为碑刻家谱,即将家谱刻于石碑上予以保存,如《三老碑》、《鲜于璜碑》、《赵宽碑》等。

撰写家谱

传承久远说修谱

魏晋南北朝时,门阀制度空前盛行,家谱在此时期摇身变为一种特殊的政治工具,成为豪门大族维护自己特殊权益的护身符,家谱在该时期有了长足发展。隋唐时,虽然门阀制度随着科举考试的确立和推行而逐渐瓦解,但统治者的提倡使中国家谱进入第二个发展高峰期,此期间官修家谱最为兴盛。

宋代为中国家谱发展的转型期。家谱强大的政治、社会功能逐渐丧失,其"敬宗收族"、"尊尊亲亲"的教化功能凸现出来。宋朝统治者大力提倡私人修谱,家谱私修在民间广泛盛行。其后，家谱历经元明清三代日渐成熟，尤其到清代时，修谱成了宗族生活中最重要的活动之一，有的家族三十年一修，有的六十年一修，私修家谱大量涌现，现存留的家谱70%以上为此时所修。

近代民国时，修谱之风仍十分盛行。家谱也由最初简单的世系记录发展到内容翔实、体例精当的家族史料汇编，从可数的文字发展到洋洋数十万字，最终成为能与正史、方志相提并论的史料，极大地丰富了我国传统文化宝库。

分门别类谈家谱

中国家谱经过了数千年的发展，种类繁多，名称多样。

按照记载材料的不同，我们可将家谱分为以下几类：甲骨（金）文谱（指刻在甲骨或青铜器上的家谱）、碑谱、布谱、纸谱、塔谱。

根据记载对象的不同，家谱可分为：玉牒（指专门记载帝王家族的谱牒，即皇族家谱）、普通家谱。

根据修纂部门的不同，又可分为官修家谱和私修家谱。

根据内容侧重点的不同，家谱又分为：祠谱（专门记载家族祠堂及与祠堂相关内容的家谱）、坟谱、碑传集、忠义谱、图谱等等。

根据记载范围，家谱又可分为：房（支）谱（记载一房或一支世系的家谱）、家谱、族谱、宗谱、统谱、异姓统谱。

家谱的七大主要内容

最初的家谱，仅为血统世系的证明，内容较为单一。魏晋以后，任官、婚配、社交都要看门第，如此一来，家谱在政治、经济和社会生活中的作用就大大增强，家谱的内容也较以往有所增加。至宋代，民间修家谱的风气兴盛，此时的家谱内容多为尊祖、敬宗、睦族功能服务。至明清两代，家谱修撰的结构大体定型，一套家谱大概包含以下七大内容：

一、姓氏源流发展：即为同一族得姓的来源和变迁。《家谱》均有记载姓氏的一章，以叙述家族得姓的来源，或是家族因某种原因改姓的历史，它是明辨家族血统的证明文献。

二、堂号：堂号是一个姓氏的特殊标志，它能显示姓氏发源的地缘关系。堂号名称一般取自于郡号名或为纪念家族始祖或名人而自创。

三、世系表：家谱中最重要的内容，是说明一个家族成员，如：父子、兄弟间的相互关系，写清楚祖先后代每一个家族成员名字的图表。它有四种基本的记述格式：欧式、苏式、宝塔式和牒记式。

欧式是北宋文学家欧阳修创立的。其特点是世代分格，由右向左横行，五世一表，每个世代人名左侧都有一段生平记述，介绍该人的字、号、功名、官爵、生辰年月日、配偶、藏地、功绩等。苏式是北宋文学家苏洵创立的。其特点是世代直行下垂，世代间无横线连接，全部用竖线串起来，图表格式也是由右向左排列。宝塔式是将世代人名像宝塔一样，由上向下排列，采用横竖线连接法，竖线永远处在横线的中间。牒记式是纯用文字来表述血缘关系，每个人名下都有一个相关的简介，如字、号、功名、官爵、生辰年月日、出生地、功绩等。

以上四种世系表形式都各有特色，是一般族谱中比较常见的世系表，但也有其它的变化。

四、家训：家族为了维持必要的法制制度，就拟定一定的行为规范来约束家族中人，这便是家法家训。提倡什么和禁止什么，是族规家法中的重要内容。

五、家传：家传，是用来记述家族中有名望、有功绩人的事迹的文体，是一种正式的传记。家传一般分为：列传、内传和外传等。列传是记录家族中有功绩男子的传记；内传是记录家族中有品行女子的传记；外传是记录家族中已出嫁有品行女子的传记。

　　六、艺文著述：家谱中的艺文著述，在体例上一般称作艺文志、辞源集、文征集等。"艺文著述"以家族中名人所写的诗文著作为主要内容，也收集本族人与外人的书信来函，以及经籍、表策、碑文、书札等，有的还有版画、肖像画、版本作品、名家书法、歌曲等。

　　七、家谱图像：只要是能让人对家谱有更进一步认识的古地图或老照片，均应该被收入家谱里，包括：老照片、祖先图片（遗像、人物画、肖像画）、风水图（祠堂图、墓图）、故居村庄图等。

　　有些家谱，在立谱时，便确定了家族世系命名的辈分序列，而且事先标定字号，辈分清楚，名之为"排辈"，实则是排资论辈的意思。男子在起"大名"时，必须以预定的某字作为名字的一部分。这个字要放在全名三字的中间或最末，各个辈数层次不一定完全一样，但有着约定俗成的规矩。

细说中国九十五大姓

第柒篇

结合姓氏发展的最新趋势,兼顾历史上的『名姓』与新涌现出的大姓,本章选择中国九十五个大姓为大家进行详细介绍。力图由此开通一条贯通历史与现实的寻根之路,引导读者领略中华姓氏文化的博大精深与独特魅力。

一 王

· 姓氏来源 ·

"风水轮流转，今天到我家"。在宋朝编撰的最早的《百家姓》中排在第八位的"王姓"，如今已经成了中国第一大姓。

①王姓主要出自姬姓，为周文王之后，后衍化为三支王姓族派。一是周文王第十五子毕公高的后裔，因本来是王族，所以他们以王为姓。二是东周灵王太子姬晋因直言进谏而被贬为庶人，不久郁郁而终。其子宗敬见王政失附，便毅然引退，带领家人迁至太原定居，当时太原称其一家为"王家"。久之，宗敬一家便以"王"为氏了。三是魏国信陵君无忌，魏被灭后，其子孙被称为"王家"，遂以王为姓。

②除了姬姓之王，王姓主要来源还有三个：妫姓，舜的后裔妫满之后；子姓，殷商王子比干之后；夷姓，北方别姓改姓而来。另外，王姓由复姓简化而来的也比较多，据统计至少有14个，即王子、王父、王官、王人、王史、王叔、王孙、王周、成王、威王、五王、西王、小王、乐王。

信陵君

· 郡望堂号 ·

郡望

太原郡：今山西省太原西南。开基始祖为东汉司徒王允。

京兆郡：治所在今陕西省长安东。京兆王氏为周文王第十五子毕公高之后。

天水郡：今甘肃省通渭西北。为殷商王子比干之后。

中山郡：今河北省定州。开基始祖为北魏中山王王睿。

陈留郡：今河南省开封东南。开基始祖为妫姓齐王建之孙安。

河东郡：今山西省夏县西北。为殷商王子比干、周灵王太子晋及周平王太孙赤之后。

河南郡：今河南省洛阳市东北。为鲜卑族可频氏、王氏之后。

堂号

三槐堂：太原王氏的衍派之一，是当今的王氏家族中最大的一支，闻名天下，枝繁叶茂。

· 宗族特征 ·

历史上王姓家族的文人墨客浩如烟海，著述甚丰，此外王姓家族亦多有将领和起义领袖。王姓各支论字排辈，次序分明。

· 历史名人 ·

王昭君：西汉元帝时宫女，竟宁元年请嫁出塞，与匈奴和亲。

王充：会稽上虞（今浙江上虞）人，东汉思想家，强调人性可以通过教育而改变，著有《论衡》。

王羲之：东晋书法家，山东琅邪临沂人，被后人奉为"书圣"。

王羲之

王勃：绛州龙门人，为"初唐四杰"之一，以一篇《秋日登洪府滕王阁饯别序》露绝世才华。

王安石："唐宋八大家"之一，北宋时期著名政治改革家、文学家。

王实甫：元朝戏剧家，其最杰出的作品《西厢记》，在中国戏曲史上占有极其重要的地位。

王国维：字静安，晚号观堂，浙江省海宁人，清末民初国学大师。

·繁衍变迁·

王姓人早期主要在北方发展繁衍。周灵王后裔王元为了避秦乱，迁于琅玡（今山东胶南一带），后徙至今山东临沂。河内王氏家族，原为今山西太原人，世居今山西祁县，后辗转迁至河内温县（今闽南温县）。

王氏家族迁往江南，始于西晋末年。唐僖宗时，原居于今河南境内的王姓人王潮、王审知入今福建，同时王氏家族中又有迁居今四川、安徽、江西等地者。北宋末，不少王氏族人迁徙至今浙江、江苏一带定居。宋末元初，居住在今福建的一支王氏族人迁往今广东，其后裔散居于今广东省和广西壮族自治区各地。明末起，王氏家族中陆续有人迁往台湾。王姓移居海外，始于明清之际，主要分布在欧美及东南亚一些国家和地区。

二 李

· 姓氏来源 ·

李姓是目前我国大姓，李姓主要有五支来源。

①出自嬴姓，为黄帝孙颛顼帝后裔。颛顼有后裔名皋陶，偃姓。尧帝时，担任"大理"官，其子伯益被赐嬴姓。皋陶的子孙历经虞、夏、商三代，一直做大理官，其后代便以官名为氏，即理氏。

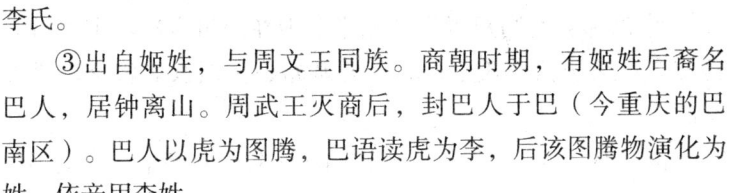

颛顼帝

②出自偃姓。商末，大臣理征因为政事而得罪纣王并遭到杀害，其妻契和氏带着儿子理利贞出逃，路上一度断绝粮草，最终依靠李子充饥才得以存活下来，遂改理氏为李氏。

③出自姬姓，与周文王同族。商朝时期，有姬姓后裔名巴人，居钟离山。周武王灭商后，封巴人于巴（今重庆的巴南区）。巴人以虎为图腾，巴语读虎为李，后该图腾物演化为姓，依音用李姓。

④出自赐姓。唐代时朝文臣武将立了大功，皇帝就赐为姓李。臣子皆以此为荣，后代也因赐姓改姓李。

⑤出自外族改姓。唐代西南少数民族中多李姓，其原因是朝廷赐姓和本地人崇仰当权者自取李姓。唐朝的沙陀、氐、回纥、契丹、高车、吐蕃等番国，以及犹太人、波斯人、安息人、朝鲜人等来华外国人，北宋西夏国的党项族、金国的女真族，明清时期的蒙古人、满洲人、西南西北的少数民族改汉族姓，大多以李姓为首选。

·郡望堂号·

郡望

陇西郡：战国时置郡，大约相当于现在的甘肃省东乡（族自治）县以东直到临洮县一带。此支李氏，其开基始祖为秦司徒李昙长子李崇，也是后来建立大唐王朝的李渊的远祖。

唐高祖李渊

赵郡：邯郸一带，汉时置郡。此支李氏的开基始祖为秦太傅李玑的次子李牧。

中山郡：汉高帝置郡，相当于现在河北省北部正定市一带。这支李氏为赵郡李氏的分支，其开基始祖为秦太傅李玑第三子李齐。

广汉郡：汉高祖置郡，相当于现在四川省广汉市一带。这支李氏为陇西李氏之后，其开基始祖为西汉名将李广之父李尚。

顿丘郡：西晋时置郡，现在的河南省浚县一带。这支李氏为陇西李氏的分支，其开基始祖为西汉名将李广的孙子李忠。

堂号

陇西堂：因李姓的名门望族出自陇西郡而得名。

·宗族特征·

历代李姓人的政治地位都十分显赫。在中国历史上，李姓人所建的政权是最多的，先后称帝称王者多达60余人，建立了西凉、凉、吴、魏、唐、楚、西夏等政权，这在中华姓氏中是不多见的。

·历史名人·

李耳：即春秋末期思想家、哲学家老子，著有《道德经》，被尊为道家学派的创始人。

李冰：李冰是战国时期的水利家，秦昭襄王末年为蜀郡守，在岷江出山口处（今四川省都江堰市）主持兴建了中国早期的灌溉工程都江堰。

李广：西汉时人，多次参加反击匈奴的战争，以勇敢善战著称，被称为"飞将军"。

李世民：唐太宗，初始以"玄武门之变"取得政权，后开创了"贞观之治"的盛世局面。

李白：唐代伟大诗人，诗风雄奇豪放，想象奇异丰富，语言流转自然，音律和谐多变。他善于从民歌、神话中汲取营养素材，构成其特有的瑰丽绚烂的色彩，是屈原以来积极浪漫主义诗歌的新高峰，人称"诗仙"，与杜甫合称"李杜"。

李清照：南宋女词人。论词强调协律，崇尚典雅，讲究情致，反对以作诗文之法作词。

李时珍：明代杰出医药学家，他历时三十七年编写了《本草纲目》一书。

李大钊：河北省乐亭县人，中国最早的马克思主义者，中国共产党的创始人之一。

唐太宗李世民

· 繁衍变迁 ·

李姓发源于今河南鹿邑一带。西汉时,李族人有一支迁往今山东;自东汉起,有李氏族人陆续迁往西南,分布在今四川、云南一带,其中有的融入白、苗、壮、彝等民族中。

唐以前,李氏族人主要在北方发展。唐朝时,李氏族人赖为国姓,极为显贵,开始了大规模的南迁,进入今福建开辟了漳州。五代时有李氏族人迁往今福建莆田、晋江等地定居。明朝初年,有今福建境内的李氏族人迁徙至今日本等海外国家。从明末起,今福建、广东等地的李氏家族陆续有人移居台湾地区。

三 张

· 姓氏来源 ·

张姓在汉代就已经是一个人口众多的大姓,至唐代更是发展成为天下十大姓之一。明代时,张姓人已经遍布全国,其覆盖面大约占全国州县总数的93%以上,现在的张姓是在中国排行第三位的大姓。

张姓源出有四:

①出自黄帝之后挥。因为挥发明了弓箭,所以被任命为弓正。弓正又称弓长,二字相合,正是"张"字,其后便有以张作为姓氏的,也就是现在的河北张氏。

②出自黄帝姬姓之后。春秋时,晋国有大夫解张,字张侯,其子孙以其字命氏,称张氏,是为山西、河北、河南之张氏。

③出自赐姓或他姓、他族改姓。三国时,云南少数民族部落酋长龙佑那被诸葛亮赐姓张,以后其子孙便以张为氏。三国魏国大将张辽本姓聂,后改为张氏。另有韩、姬等姓氏和鲜

卑、匈奴、契丹等众多少数民族改姓张姓。

④出自地名。金代特嘉氏，世居山西忻州五台山七级岭张皇堡，于是就以地名命为"张"氏。

·郡望堂号·

郡望

清河郡：汉时置郡，治所在清阳（今河北省清河东南），开基始祖为汉留侯张良裔孙张歆。

范阳郡：三国魏改涿郡置郡，治所在涿县（今属河北省），其开基始祖为东汉司空张晧之子张宇。

太原郡：战国时置郡，治所在晋阳（今太原市西南），其开基始祖为北魏平东将军、营州刺史张伟。

京兆郡：汉时置郡，治所在长安（今陕西省西安市西北），其开基始祖为西汉御史大夫张汤。

安定郡：西汉置郡，治所在高平（今宁夏回族自治区固原），东晋移至安定（今甘肃省泾川北）。这支张氏为楚汉时期赵王张耳之后。

堂号

百忍堂：麟德二年，张公艺九世同居。高宗问他家族和睦相处的经验，他写了100个"忍"字。高宗感佩，奖绸缎100尺，因而有此堂号。

·宗族特征·

张姓得姓较早，源远流长，且枝繁叶茂，各郡望字行辈分排列有序。如清光绪年间张允选等所修的《张氏族谱》中，载有黄县（今属山东）一支张姓人的字行为："基业可久，名望堂昭，衍庆为志，肇锡永超。"此外，张姓家族还有一个非常奇特的现象——道士多，如五斗米道的开创者张道陵、太平道的创立者张角等。

· 历史名人 ·

张良:字子房,秦末汉初杰出的军事谋略家,与萧何、韩信同被称为"汉初三杰",被封留侯,谥文成侯。刘邦称他"运筹帷幄之中,决胜千里之外"。

张骞:西汉外交家,不畏艰险,两次出使西域,沟通了亚洲内陆交通要道,到达了罗马,与西欧诸国正式开始了友好往来,促进了东西经济文化的广泛交流,开拓了丝绸之路,甚至可称之为中国走向世界的第一人。

张衡:东汉科学家、文学家,提出"浑天说",绘制星象图,发明浑天仪、地动仪等。

张仲景:东汉医学家,著《伤寒杂病论》,为后人尊为"医圣"。

张飞:三国时名将,为蜀国五虎上将,战长坂名震于时。

张仲景:东汉医学家,河南镇平人。勤求古训,博采众方,著《伤寒杂病论》,造福人民,为后人尊为医圣。

张骞

·繁衍变迁·

张姓起源于今河北、山西、河南等地。汉代以前，张姓人繁衍到黄河流域大部分地区，遍布今陕西、河南、山东、河北等地。同期有张姓人入蜀郡（今四川成都市、平武县、三台县、雅安市一带）为太守。汉代，张姓族人迁往今江苏苏州，以及东北、西北等地。汉末至西晋，张姓人南迁，吴郡（治所在今江苏苏州）的张姓人首先崛起，吴郡遂成我国张姓人在东南沿海地区的繁衍中心。唐宋时期，张姓人大举南迁，使得张姓人在宋代至元明清时期分布于大江南北各个区域，形成了一支庞大的族系。

四 刘

·姓氏来源·

刘姓历史悠久，来源众多。其来源主要有四：

①上古帝尧之后。传说尧的子孙有一支为祁姓，受封于刘，后裔便以刘为氏。夏朝时，这一支的后代刘累，为第十三代夏帝孔甲养龙。但刘累养龙的技术不高，弄死了一条雌龙。刘累怕被治罪，就偷偷地带着家眷南逃至台县（令河南鲁山县）躲了起来。刘累的子孙以刘累的名字为姓氏，据说这是中国最早的刘姓。

②出自姬姓，为周王族后裔。春秋时，周匡王封小儿子王季于刘邑（河南偃师县南），号刘康公，后代也称刘氏。

③出自杜姓。周大夫杜伯的孙子士会在晋国任士师，晋襄公死后，士会去秦国接公子雍回国继位，因晋国国内有变故而留在秦国，其后世取姓刘（即"留"之意）。

④为他族、他姓改姓或赐姓。汉高祖刘邦称帝后，曾经赐

娄敬、项伯刘姓，他们的后人便保持此姓。建国后，刘邦一度实行和亲政策，也就是把皇室宗女嫁给匈奴单于。依照匈奴的习俗，身份高贵者皆从母姓，于是便形成了这支刘姓。北魏孝文帝曾经将鲜卑族的复姓之一独孤氏改姓为刘。

·郡望堂号·

郡望

据相关史料所载，刘姓郡望多达25个，其中以彭城、弘农、河间三望最为著名。

彭城郡：刘邦祖籍江苏丰县，起家于沛县，此二县都属彭城郡，为光耀门楣，后世刘氏大多认为彭城就是自己的祖籍。

沛郡：始建于汉初，治所在相县（今安徽省睢溪县）。沛郡刘氏望族多出自西汉皇族楚元王刘交之后。另有一支出自东汉时皇族。刘秀之子刘辅为沛王，其后代世居沛地成为大族。

弘农郡：始建于西汉，治所在弘农县（今河南省灵宝县东北函谷关城）。弘农刘氏出自西汉皇族，是汉高祖的哥哥代王刘喜的后裔。代王后裔到东汉时有刘琦官任司徒，始迁居弘农。

堂号

彭城堂：刘氏使用最普遍的堂号，因为彭城刘氏源出西汉皇族，时间较早，人口、支脉较多，影响较大，因此被刘氏看作是堂号正宗。

·宗族特征·

刘姓家族地位显赫，历史上称王称帝者多达66人，统治时间长达650多年。刘姓家族有其排列有序的字行辈分，如据刘祥澍所修的《刘氏族谱》载，清代今江苏刘姓一支的辈分字行为："祥瑞肇英贤，明良继仁孝。"

· 历史名人 ·

刘邦：即汉高祖，沛县人。公元前202年建国称帝，国号汉，史称西汉。

刘彻：即汉武帝。"罢黜百家，独尊儒术"，通西域，破匈奴，将汉朝推向全盛。

刘秀：南阳蔡阳人，东汉开国君主，公元25年称帝，定都洛阳，史称光武帝。

刘备：中山人，三国时蜀汉的建立者，公元21年称帝，建都成都。

刘基：字伯温，晚号犁眉公，明朝青田人。通经史，晓天文，精兵法，辅佐朱元璋灭元。

刘墉：今山东省诸城人，清代书法家，官至东阁大学士。

刘少奇：湖南宁乡人，早期中共党员之一，著名的无产阶级革命家、政治家和理论家，曾任中华人民共和国国家主席。

刘伯承：四川开县人，中华人民共和国元帅，中国人民解放军创始人和领导人之一。

· 繁衍变迁 ·

刘姓发源于今河南、陕西（当属河南刘姓的分支）等地。战国时，今陕西境内的刘姓人播迁至今江苏等地。刘邦建立汉王朝后，刘姓成为当时的全国第一大姓氏。汉末，中原（黄河中下游地区，包括今河南大部，山东西

刘备

部和河北、山西的南部）的刘姓人为避战祸向四方迁徙。魏晋南北朝时，战乱频繁，刘姓人大举南迁。刘裕代晋称帝，被封为王侯的刘姓人遍布江南，并有许多少数民族汉姓为刘。唐至五代，有刘姓人入居今福建。宋元至明清时期，刘姓族人已遍布全国。

五 陈

· 姓氏来源 ·

陈姓是当今中国姓氏排行第五位的大姓，人口众多，分布在全国各地，南方陈姓尤多。陈姓来源有三：

①出自妫姓，其始祖为虞舜三十三世裔孙妫满之后。妫满又称胡公满，周武王封其于陈，妫满立陈国。陈国传至十世孙妫完，陈国内乱。妫完出奔到齐国，以国为氏，称陈氏。陈姓除妫满这一支主系外，还有三支同出于陈国公族。一是陈哀公之子留，避居陈留。二是陈泯公之长子陈衍，避居阳武户牖乡。三是陈泯公次子全温之后陈孟琏，居于固始，其后因无子，便以颍川陈实为嗣子，遂融入颍川陈氏。

②齐国王子田轸的后裔。秦灭齐后，轸逃到楚国为相，被封为颍川（今河南省禹州）侯，改姓陈，据说这就是颍川陈姓的开始。

③由他族或他姓改姓而来。南北朝时，北魏孝文帝将鲜卑族一支侯莫陈氏改姓为陈，是为河南洛阳陈氏；隋初白永贵改姓陈，是为万年（今

周武王姬发

江西上饶市下辖县）陈姓之源起；刘矫的后裔改陈姓，是为广陵（今江苏省镇江东）之陈。

· 郡望堂号 ·

郡望

颍川郡：秦时置郡，治所包括今河南登封、宝封以东，尉氏以西，密县以南，叶县、武县以北的地区。此支陈氏，其开基始祖为战国齐王田建三子田轸。

广陵郡：西汉置国，东汉时改为郡，治所在广陵（今江苏省扬州）。此支陈氏是汉武帝之子刘胥之后的改姓。

河南郡：汉高帝时置郡，治所在雒阳（现在河南省洛阳）。此支陈氏出自匈奴族陈氏。

冯翊郡：汉武帝时置郡，治所在临晋（现在陕西省大荔）。此支陈氏为南朝陈宣帝之子沅陵王陈叔兴之后。

京兆郡：汉朝时置郡，治所在长安（现在陕西省西安）。此支陈氏出自唐代迁居京兆的陈寔（东汉汉桓帝时太丘长，以名望德行为世所推崇）后裔陈忠。

堂号

三恪堂：恪是尊敬、客人的意思。周武王将黄帝之后封于蓟，帝尧之后封于祝，帝舜之后封于陈，称为三恪，以他们为周朝的客人而格外地尊敬。

· 宗族特征 ·

陈姓家族尤其难能可贵的是能委曲求全，逆境求生，开拓进取于各种环境中，这也是陈家得以繁衍昌盛的重要原因之一。陈姓家族字行辈分严密，断则有续。如湖南岳阳剪刀池陈姓一支的字行为："青云其捷步，恢振赐书荣，必重传家远，修齐赞治平。"

· 历史名人 ·

陈胜：秦末农民起义将领，建立张楚政权，第一个翻开了封建社会农民起义的历史篇章。

陈寿：西晋著名史学家，著有《三国志》65卷。陈寿为我国私人修史树下典范。

陈祎：法号玄奘，曾去天竺（今印度）取经，是佛教经典翻译家，唯识宗的创始人。

陈毅：四川省乐至人，无产阶级革命家，军事家，外交家、诗人；中华人民共和国十大元帅之一。

· 繁衍变迁 ·

陈姓发源于今河南淮阳，至今淮阳还有"老陈户"之说。春秋时陈国内乱，陈氏族人中的几支分几次迁往今河南开封县陈留镇、原阳县阳阿乡和固始县。西晋末年，陈轸后裔先后迁往今江苏丹阳、浙江长兴，更有陈霸先在南朝时建立了陈国，定都建业（今南京）。唐初，陈元光父子入今福建开辟漳州。

陈氏族人入今广东，始于南宋。其间，越南李朝女皇李昭皇之夫陈煚即位为越南陈朝的首任君主。明初，陈氏族人始入日本；明末始入台湾地区。明清以后，陈氏族人陆续有迁居马来西亚、新加坡、菲律宾、泰国和美、英、法、澳等国者。

六 杨

· 姓氏来源 ·

杨姓是当今中国姓氏排行第六位的大姓，地域分布极广，尤其在长江流域的省份分布最多。

杨姓源出主要有三：

①出自春秋时期晋武公之后。晋武公封次子伯侨于杨，称

为杨侯,他就是杨姓人的受姓始祖。公元前514年,伯侨后裔为避祸迁到华阴居住,称为杨氏,史称杨氏正宗,也就是山西杨氏的来源。

②出自秦穆公时大夫杨孙之后。这支杨姓是以祖名为氏。

③出自赐姓或他族他姓改姓。如三国时诸葛亮平哀牢后,赐当地少数民族赵、张、杨、李等姓;福建林姓迁居广东省梅州后改姓杨;《通志氏族五》:莫胡卢氏,代人,改为阳氏。

诸葛亮

· 郡望堂号 ·

郡望

河内郡:楚汉之际置郡,治所为怀县(现河南省武陟县西南)。此支杨氏,其开基始祖为韩襄王将领杨苞。

弘农郡:东汉至北周,曾改名恒农郡,相当于现在黄河以南、宜阳(今河南省洛阳市)以西一带。

天水郡:西汉时天水郡治平襄(现在甘肃省通渭西北),东汉移治冀县(今甘肃省甘谷东南)。

堂号

关西堂:东汉时有关西(今陕西、甘肃一带)人杨震,博览明经,时人称他是"关西孔子",因而有此堂号。

· 宗族特征 ·

杨氏家族可谓辉煌显赫千余年,竞相贵显各争先。从秦汉

魏晋时期的四世三公和西晋三杨，到隋朝的皇族，从唐朝的11位杨姓宰相，到宋朝满门忠烈的杨家将，杨姓家族的风光不言而喻。

杨玉环

· 历史名人 ·

杨坚：冯翊（今陕西省大荔）人，公元581年建立隋朝，公元589年灭陈统一全国。

杨玉环：唐玄宗宠妃，被誉为盛唐第一美人，也是古代四大美人之一。

杨业：北宋名将，号"杨无敌"，其家族世为麟州地方势力首领，史称"杨家将"。

杨虎城：著名爱国民主将领，和张学良共同发动了西安事变，1949年9月6日被国民党反动派杀害。

· 繁衍变迁 ·

杨姓发源于今山西。杨国为晋所灭后，子孙向西播迁，先后进入今陕西、河南。春秋战国时，已有杨姓人迁到今湖北潜江一带，并继续向东南迁至今江西一带；与此同时，亦有杨姓人自今山西迁往今江苏、安徽。秦汉之际，已有杨姓人迁居今四川。魏晋南北朝时期，不少杨姓人向江南播迁。唐末，杨姓人有迁至朝鲜半岛者。宋代，杨姓人已分布于江南广大地区，并以今福建为其播迁的中心。元末之后，今广东、福建、浙江沿海的杨姓人开始了较大规模的海外移民，迁居地主要集中在东南亚各国。

七 赵

· 姓氏来源 ·

赵姓自古是中华大姓，曾在百家姓中位列第一，在中国历史中的影响很大。赵姓源出有四：

①出自嬴姓，始祖为周穆王时朝官造父。造父善驭，深得穆王器重，后平叛有功，穆王赐他赵城（今山西省洪洞县北），于是造父后世子孙便以封地作为姓氏。

②以国为姓。战国时七雄之一赵国最终被秦国所灭，赵国所遗公族以原国名命姓。

③出自少数民族。汉代赵安稽（匈奴人），唐代赵曳夫（"南蛮"人）的后代都沿袭姓赵。蒙古族术要甲（又作术甲，诸家，金女真部落姓氏）氏，入居中原后也改姓赵。

④出自赐姓。赵宋王朝先后有李姓、穆姓、隆姓及宇文复姓的历史人物，均被赐姓赵氏。

· 郡望堂号 ·

郡望

天水郡：西汉初置，包括今甘肃省天水市及陇西以东地区。此支赵氏，其开基始祖为赵襄王太子、代王赵嘉。

涿郡：汉高帝时置郡，此支赵氏的开基始祖为西汉颍川太守赵广汉的后裔。

南阳郡：战国时秦国置郡，此支赵氏为天水赵氏分支，其开基始祖相传是东汉太傅赵嘉。

颍川郡：秦时置郡，此支赵氏，其开基始祖相传是西汉京兆君尹赵广汉。

堂号

半部堂：相传宋朝宰相赵普是靠半部《论语》来辅佐宋太

祖治理国家的，因而得此堂号。

· 宗族特征 ·

赵姓家族声名显赫、人才辈出，各领风骚几百年。战国时期的赵国是"七雄"之一；宋朝历时300多年，有18位赵姓皇帝。另外，赵姓还出了很多宰相能臣、枭雄武将，他们都广有建树。赵氏家族家乘谱牒详细明了，擅长用家规家训教诲后人。

· 历史名人 ·

赵雍：即赵武灵王，他提倡"胡服骑射"，始创骑兵，是我国古代杰出的军事家和改革家。

赵胜：即平原君，战国时期四公子之一，赵武灵王之子，惠文王之弟。以有"食客数千人"而著称，是赵氏最负盛名的人物之一。

赵云：三国时蜀国"五虎上将"之一，曾有"单骑救主"等英雄事迹。

赵匡胤：本为后周大将，代周为帝，建立宋朝，立国320年之久。

赵孟頫：元代杰出书画家，精于行书和小楷，其笔法圆转遒丽，人称"赵体"。

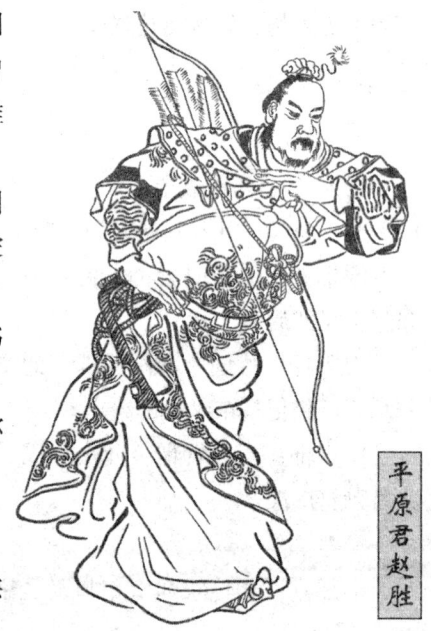

平原君赵胜

· 繁衍变迁 ·

赵姓发源于山西洪

洞县。到战国七雄之一的赵国灭亡时，赵姓已分布于山西、河北、河南、山东等地。秦初，始皇派赵公辅任西戎地区的行政长官，居住在天水，很快就繁衍成当地一大望族。同时，赵王赵迁因流放到今湖北房县，子孙在今湖北繁衍；后赵佗建立南越国，又把赵姓推进到两广。赵氏南迁始于三国。由涿郡赵氏赵匡胤建立的北宋，使赵姓人口得到了空前的发展；由赵构建立的南宋，使得赵氏在江南地区得到了大举繁衍发展。同时，北方的赵姓也在东北三省得到了播迁。自宋代以后，赵姓遍布全国。

八 黄

· 姓氏来源 ·

黄姓是当今中国姓氏中排第八位的大姓，人口众多。黄姓分布主要集中于长江以南地区，以广东、四川、湖南、广西和江苏省比较多。黄姓源出有五：

①出自嬴姓。帝舜赐姓帮助大禹治水的伯益为嬴氏。传说伯益在今河南潢川建立黄国，公元前648年，黄被楚灭，亡国后的黄国子孙便以国名为氏。

②出自金天氏之后。少昊金天氏的后人曾建立沈、姒、蓐、黄等多个国家，但后来都被晋国所灭。其中黄国公族子孙便以国为姓。

③出自古代南方蛮族。《新唐书》中有载："邕管（在广西境内）蛮有黄姓。唐黄少卿、少高、少温是也。"

伯益

④出自他姓改姓。上古时代及后朝的王、陆、巫、吴、金、范、丁皆有改为黄姓者。

⑤出自回族：元朝时，大约在现在的福建省泉州市一带，有少数蒲姓回族为避朝廷的诛杀而改姓"苗"。但是，苗与蒲音似，他们怕被朝廷发觉，便将苗字略加修改，成为"黄"字，并且沿用至今天。

·郡望堂号·

郡望

江夏郡：汉高祖置郡，治所在安陆（今湖北省云梦）。此支黄氏为东汉大臣黄香之族所在。

会稽郡：秦时置郡，治所在吴县（今江苏省苏州市）。此支黄氏出自东汉黄昌之后。

巴东郡：东汉时置郡，治所在鱼复（今四川省奉节东）。此支黄氏出自东汉蜀将黄权之后。

堂号

宽和堂：汉代的官吏都很严肃，唯独河南太守黄霸为政宽和，因而得此堂号。

·宗族特征·

黄姓人以富有开拓精神著称，族人多孝子。历代黄姓人均十分重视家谱的编修，各支黄姓族人的字行辈分排列有序，如湖南靖州渠阳黄姓一支的派语字行为："俊秀仁公定，真良均同透，万元再通光，昌传汉保进。"

·历史名人·

黄巢：曹州冤句（今山东菏泽）人，唐末农民起义军领袖，一度在长安（今陕西西安）称帝，建立大齐政权，年号金统。

黄庭坚：北宋人，其诗与苏轼并称"苏黄"，开创了江西诗派，为宋代四大书法家之一。

黄公望：元代平江常熟（今属江苏）人，工书法，通音律，善散曲，尤精于山水画，为画坛"元四家"之一。著有《写山水诀》。

黄宗羲：明末清初思想家、史学家，著有《明儒学案》《宋元学案》等。他一生著述大致依史学、经学、地理、律历、数学、诗文杂著为类，多至50余种，近千卷。

· 繁衍变迁 ·

黄姓发源于今河南潢川县西部。黄国为楚国所灭后，黄姓族人部分逃至今河南中部，更多的则迁入楚国腹地，定居于黄冈、黄石（今属湖北）等地。西晋末年，黄姓人大举南迁，成为后来入今福建的"八大姓氏"之一。唐宋时，黄姓人在今福建、江西、广东等地繁衍最为茂盛。北宋末年，居于今河南固始的黄建联为避兵祸南徙杭州（今属浙江），其后人成为杭州的望族。宋元之际，黄姓人称盛于今福建、广东，至明末清初，黄姓人开始移居台湾，后又播迁海外。

九 周

· 姓氏来源 ·

周姓支派众多，来源不一。其主要来源有三：

①源自黄帝轩辕氏。相传黄帝子孙中有一位叫周昌的大将，到商代时又有一名叫周任的太史，这两个人的后代都以周为姓氏。

②出自姬姓，其始祖为周文王。周灭亡后，有很大一部分周宗室子孙及周朝遗民都以周为氏。

③由他氏改姓或他族改姓而来。如唐玄宗时，姬氏为避帝名讳而改姓周；唐末有叫成纳的，后梁时被赐姓周；北魏时有鲜卑皇族普氏，后改姓周；北魏孝文帝迁都洛阳后，复姓贺鲁氏改为汉字单姓周氏。

·郡望堂号·

郡望

汝南郡：汉时置郡，在今河南省中部偏南和安徽省淮河以北地区。此支周氏为周平王少子烈的后代。

沛国郡：汉高帝将泗水郡改为沛郡，治所在今安徽省睢溪县。此支周氏的开基始祖为汉代汾阴侯周昌。

陈留郡：汉代置郡，在今天河南省开封地区。此支周氏为西汉汝坟侯周仁之后，其开基始祖为晋代的周震。

华阴郡：唐天宝元年（742年）置华阴郡，治所在郑县（今陕西省华县）。

清河郡：汉高帝置，治所在清阳（相当于今河北省清河至山东省临清一带）。

堂号

爱莲堂：北宋著名哲学家周敦颐，一生清正廉洁，最爱莲花，设此堂号。

·宗族特征·

周姓家族以忠孝廉爱仁义为荣，其自立堂号多以此取名，如"清白"、"忠厚"等；其字行辈分也反映了这一家风，如浙江一支周姓人的字行为："智仁圣义，中和道德，继体守义，传家以孝"，另有一支周姓人的字行为："孝友振家业，种德培祖恩，和睦致瑞祥，忠义永吉庆"。

· 历史名人 ·

周瑜：三国时吴之名将，火烧赤壁，大败曹军，创造了以弱胜强的著名战例。

周敦颐：北宋著名哲学家，理学的开山祖。

周树人：笔名鲁迅，伟大的无产阶级文学家、思想家，著作有《狂人日记》《呐喊》等。

周恩来：杰出的革命家、政治家、军事家和外交家，中华人民共和国第一任总理。

周瑜

· 繁衍变迁 ·

周姓发源于今陕西渭河平原一带。秦汉时，周姓人主要以今河南、陕西为中心繁衍生息，后逐渐成为当地的名门望族，并有迁往今江苏、安徽、山东等地者。魏晋南北朝时，战乱频繁，周姓人大规模南迁至今湖北、江西、江苏等地。唐时，有周姓人迁入今福建、广东。宋元时期，周姓人最为显著的特点仍是南迁，周姓名人也多出于南方。明清是周姓发展比较兴盛的时期，今台湾、云南、四川、贵州等地也有了周姓人居住。从清康、乾年间起，今福建、广东境内的周姓人陆续有移居台湾、远播海外者。

十 吴

· 姓氏来源 ·

吴姓在当今中国姓氏中列居第十位，人口众多，分布以江南一带为多。吴姓主要有五大来源：

①周太公亶父之长子泰伯为让位于弟（季历，姬昌之父），避居吴地。泰伯德行感人，吴地人归附者千余家。泰伯立国，自号"句吴"。有民以国为姓，该地多吴姓。

②周朝建立后，武王封太伯第三世孙周章到吴地为侯。后来周章在此地建吴国。春秋时吴国被越国灭，其王族子孙便以吴为姓。

③舜把君位禅让给禹之后，其子商均被封在虞地（今江苏吴县），后世便以虞为姓。因古"虞"、"吴"音近，后裔有以吴为姓者。

④上古颛顼帝（高阳氏）时名臣吴权的后代。

⑤夏代国王少康时神箭手吴贺的后代。

· 郡望堂号 ·

郡望

濮阳郡：西晋置郡，治所在濮阳（现在河南省濮阳县西南）。此支吴氏，其开基始祖为东汉光武帝时广平侯吴汉的裔孙吴遵。

长沙郡：秦时置郡，治所在临湘（现在湖南省长沙市）。此支吴氏系春秋时期吴王寿梦之子季札之后，其开基始祖是西汉时的长沙王吴芮。

陈留郡：西汉时置郡，治所在陈留（现河南省开封东南）。此支吴氏是春秋时期季札的后裔。

吴汉

渤海郡：西汉置郡，治所在浮阳（今天河北省、辽宁省的渤海海湾沿岸一带）。

武昌郡：南朝宋时将晋朝所立武昌郡移治夏口（今武昌），辖区缩为今武汉及其附近一带。

堂号

延陵堂：吴王寿梦的第四子季札，以贤德著称，被后人奉为"至德第三人"，因其封邑在延陵而有此堂号。

· 宗族特征 ·

历代吴姓族人地位显赫，高官众多，且名人辈出；吴姓族人皇亲较多，从而使得本族获得了良好的发展环境，得以繁衍播迁到全国各地。吴姓各支字行辈分排列有序，如浙江嵊州吴姓一支的字行为："天地君亲师，子丑寅卯，辰巳午未，申酉戌亥。"

· 历史名人 ·

吴广：秦末农民起义领袖。公元前209年与陈胜发动起义，建立张楚政权。

吴道子：唐代著名画家，被后人奉为"画圣"，其画被人们称为"吴带当风"。

吴承恩：明朝小说家，擅长绘画、书法，多才多艺。然而科举不利，至中年始为岁贡生。一般认为著名小说《西游记》即为吴承恩所作。

吴敬梓：清代人，以小说《儒林外史》而著称的杰出讽刺作家。

吴昌硕：清代著名的篆刻家和书画家。工诗，善书法，尤精篆刻。他在篆刻上的成就，对我国篆刻艺术有着划时代的意义，主要是他把诗、书、画、印熔为一炉，开辟篆刻艺术的新境界。

· 繁衍变迁 ·

吴姓发源于南方,秦汉两代是得姓以后的第一个发展时期。吴亡国后,吴王夫差的后裔繁衍于今江苏、浙江、安徽、山东、河南、山西等地。秦末汉初,吴姓族人参加起义,多因功被封王,大大推动了吴姓家族的发展。南朝时,吴姓人发展至今湖北中部一带,并有迁居今四川成都者。宋元时,吴姓族人昌盛于东南地区。历明清至近现代,吴姓家族分布进一步扩大,并有迁徙至东南亚及其他国家者。

十一 徐

· 姓氏来源 ·

徐姓在当今姓氏中排行第十一,广布于我国大江南北,其中以江苏、广东、浙江、四川、山东、江西、安徽人数最多。徐姓源出有三:

①出自嬴姓。高阳帝颛顼玄孙伯益之子若木建徐国(包括今江苏徐州、安徽泗县),周敬王八年被吴国所灭,徐国的后裔就称为徐氏,以国为姓,代代相传。

②相传周公的长子伯禽受封于鲁国,并分到"殷民六族":徐氏、条氏、萧氏、索氏、长勺氏、尾勺氏。徐氏在鲁发展迅速,成为徐姓中重要一支。

③他姓改徐姓而来。如唐末入蜀大画家李升改姓徐,名知诰,其后代亦以徐为姓。

· 郡望堂号 ·

郡望

东海郡:秦置郡,治所在今天的山东省境内。

高平郡:北周时置郡,治所相当于现在山西省晋城、高平等地。

高宛郡：秦始置郡，汉建安初分琅玡、齐郡置郡，治所在今山东省境内。

琅琊郡：秦置郡，治所相当于现在的山东半岛东南部。

东莞郡：治所在今山东省莒县。

堂号

圣交堂、麦饭堂：宋朝名士徐大受与朱熹一见如故，贫穷的徐大受用葱花汤和麦饭来招待朱熹，二人却很高兴，在历史上传为佳话。因而有此堂号。

东海堂：徐偃王的势力范围曾扩展到鲁南、苏北、闽东及皖全部，而鲁南与苏北属东海郡，因而有此堂号。

· 宗族特征 ·

徐姓作为曾经扬威于我国东部地区的大姓，其史上所出名人可谓多矣。在艺术、人文领域，徐姓家族人才辈出，独领风骚。如东汉著名哲学家徐干，南朝陈文学家徐陵，五代宋文学家徐铉等。除了文人雅士众多之外，徐姓族群的另一个特点是崇尚以"仁"为宗旨的道德，如以仁义著称的徐偃王（周朝时徐国国君），以高尚品德败退寇贼的徐孺子（东汉一代高士）。其宗族文化内涵之丰富与厚重可见一斑，而其字行辈分分支亦广。

· 历史名人 ·

徐庶：三国时名臣。原为刘备臣属，曾向刘备推荐诸葛亮，后因其母为曹操所挟持，被迫归附曹操。

徐霞客：江阴（今属江苏）人，明代杰出的旅行家和游记文作家。后人据其日记整理成了富有地理学价值和文学价值的《徐霞客游记》。

徐渭：明代晚期杰出的文学艺术家，列为中国古代十大名画家之一。徐渭多才多艺，在书画、诗文、戏曲等领域均有很深造诣，且能独树一帜。

徐悲鸿：江苏省宜兴人，现代著名画家、美术教育家，尤擅画马。

徐向前：伟大的无产阶级革命家，军事家，中国人民解放军创建人和领导人之一，中国人民解放军十大元帅之一。

· 繁衍变迁 ·

徐姓发源于今江苏徐州、安徽泗县，后扩至今安徽凤阳。春秋末期，徐国为吴国所灭，有徐姓人避居今河南、山东。秦汉之际，今江苏、安徽、江西、浙江一带已有徐姓人生活。东汉以前，有徐姓人迁至今甘肃。徐姓人于魏晋之际开始大举南迁，到隋唐时，在南方得以进一步繁衍发展。宋末时，有徐姓人入今福建长汀。元时，有徐姓人自今江西、福建迁居今广东。明清时，徐姓人已广布大江南北。

十二 孙

· 姓氏来源 ·

孙姓在中国以长江为分水岭，形成了华东沿海省份连接东北三省的孙姓分布带。孙姓主要有四支：

①出自姬姓，为卫国国君康叔的后代。康叔的九世孙字惠孙，惠孙有个孙子乙，以祖父的字命氏，就是孙氏。他的子孙世居汲郡（今河南汲县及周边地区），是为河南孙氏。

②出自芈姓，为春秋时楚国令尹孙叔敖之后。孙叔敖楚国期思人，名敖，字孙叔，其子孙便以他的字命氏，称

孙叔敖

孙氏。

③出自妫姓。春秋时，妫姓陈国的陈完逃到齐国，改姓田，其后世田书因有功被齐景公赐姓孙氏。后来齐国内乱，孙书的后人出奔吴国，后世代徐姓。

④出自外姓外族改姓。荀卿避汉宣帝刘绚（名字的同音字）讳改孙卿，后又复为荀卿，但其子孙有一部分未改回，遂为孙氏。北魏孝文帝迁都洛阳后，有一支鲜卑族复姓拔拔氏改汉字单姓孙氏，是为河南洛阳孙氏。

· 郡望堂号 ·

郡望

汲郡：晋置郡，治所在今河南省汲县，此为孙氏世居之地。

陈留郡：西汉置郡，治所在陈留（今河南省开封市陈留县）。

乐安郡：东汉置郡，治所在临济（今山东省高青县高苑镇西北），此支孙氏为兵家之圣孙武之族所在。

富春郡：秦置郡，此支孙氏为乐安孙氏之分支，其开基始祖为孙武次子孙明。

太原郡：战国秦庄襄王时置郡，治所在晋阳（今山西省太原西南）。此支孙氏为富春孙氏之分支，其开基始祖为孙明的11世孙孙福。

兵圣孙武

堂号

平治堂：因孙叔敖把楚国治理得民富国强，故得此赐号。

富春堂：吴王赐给兵圣孙

武的堂号。

· 宗族特征 ·

孙氏家族族大人众，英才辈出；人口分布集中，大多在今东北、华北、华东一线；字行辈分排列井然有序，脉络清晰。

· 历史名人 ·

孙武：春秋末期齐国人，伟大军事家，有《孙子兵法》传世。

孙膑：战国时期齐国人，孙武后裔，军事家，著有《孙膑兵法》。

孙权：吴郡富春人，字仲谋，公元229年于武昌（今湖北省鄂城）称帝，国号吴。

孙思邈：唐朝人，后世称"药王"，著有《千金要方》《千金翼方》。

孙中山：名文，字载之，号日新，又号逸仙，幼名帝象，化名中山樵，常以中山为名。是中国近代民族民主主义革命的开拓者，中国近代伟大的资产阶级革命先行者，中华民国和中国国民党缔造者。孙中山是中国伟大的民主革命开拓者，首举彻底反封建的旗帜，"起共和而终二千年帝制"。

孙权

·繁衍变迁·

孙姓发源于今河南濮阳和山东博兴等地。春秋末期,今河南境内的姬姓孙氏家族在卫国失宠,北迁晋国。战国时,今山东境内的妫姓孙氏家族蓬勃发展。秦汉以后,妫姓孙氏家族成了全国孙姓人的主力,由今山东向四周拓展至今山西太原、浙江南部和湖北等地。三国时孙吴政权的建立使孙氏家族的发展达到了顶峰。魏晋南北朝时,北方、中原和江南的孙氏家族都得到了迅速发展,名家大户层出不穷。唐宋时期,孙姓人遍布于大江南北。明末清初,有孙姓人迁入台湾,并开始徙居海外。

十三 胡

·姓氏来源·

胡姓是当今常见姓氏,分布很广,约占全国汉族人口1.31%,为在中国人口中超过1%的十九个大姓之一。

胡姓源出有四:

①出自妫姓,以人名为氏。帝舜的后裔胡公满的后人有的以胡为氏。

②出自姬、归姓,以国名为氏。一个是姬姓胡国,一个是归姓胡国。春秋末期,这两个胡国先后被楚国所灭,其国君的子孙都以胡为姓,两支胡氏世代相沿。

③他姓改为胡姓。南北朝时,北魏鲜卑族有胡(纥)骨氏,入中原后改为汉姓,称胡氏。汉代太御胡广,本姓黄,后改为胡姓,其子孙以胡为氏。在胡氏中,曾经出现过复姓胡母氏。晋代以后,胡母复姓渐渐被"胡"这一单字姓氏所代替。

④古代北方匈奴族后裔敕勒族人的姓氏。

· 郡望堂号 ·

郡望

安定郡：汉代设置，治高平（今宁夏回族自治区固原），在今甘肃泾川北。

新蔡郡：晋惠帝置，从汝阴郡分出，在今天河南省新蔡县一带。

弋阳郡：隋代置，武德三年改为光州，治所在今河南省潢川县。

义阳郡：三国魏置，治所在今河南省巴中县。

户县：今陕西省户县。

堂号

澹安堂、安定堂、庐陵堂、绩溪堂、淮阳堂、敬爱堂等。

· 宗族特征 ·

胡姓族人在历史上播迁较早，曾在各地出现大量名人。胡姓族人编写家谱较早，且在历史发展中形成了众多的堂号。各支胡姓宗族字行辈分排列有序，据《麦田胡氏族谱》记载，江西泰和胡氏一支的辈分派语为："鉴彦通文，德重政大，仲福正昌，志玉庆炳，宗秀才贤，洪华荣受，增兴上国，必上醇禧，端垂永久，企汉文云。"

胡适

· 历史名人 ·

胡渭：德清（今属浙江）人，清代经学家、

地理学家，曾帮助徐乾学修《大清一统志》。其所著《禹贡锥指》，是研究中国古代地理沿革的重要参考书。

胡适：字适之，安徽绩溪人。中国现代学者、思想家及新文化运动的著名人物。

· 繁衍变迁 ·

胡姓的发源地主要有两处：今河南淮阳和安徽阜阳。从先秦至两汉时期，胡姓族人历经迁移，向西进入今陕西、甘肃两省，向北进入今山西，向东进入今山东，向南迁入今湖北、江西，使胡姓得以在各地发展繁衍。两晋南北朝时，今河南淮阳的胡姓人大举南迁至今福建等地。唐宋年间，胡姓人迁于安徽、福建、江西等省。五代南唐时，有今湖南醴陵胡姓人迁入今江西吉安，使今江西成为胡姓人繁衍的中心。至元明清时，今河南淮阳一带的部分胡姓人为躲避战乱入迁今福建、广东等地，并远播海外。

十四 朱

· 姓氏来源 ·

朱姓是当今中国排行第十四位的大姓，人口众多，约占全国汉族人口的1.25%，以江苏、浙江、广东、河南、山东等省分布最多。朱姓源出有六：

①出自曹姓，是颛顼帝的后裔。颛顼帝的后代曹挟被封于邾地（包括今山东费、邹、滕、济宁、金乡等县地）后立邾国。他的遗族以国名为氏，称邾氏。后邾国被楚国所灭，邾国贵族就去掉耳旁，改姓朱。

②出自舜时大臣朱彪，其后人亦为朱姓。

③出自宋姓，商纣王的庶兄微子，被周武王封于宋地（今

河南商丘），后建立宋国，后代以国为姓。春秋时，微子的后裔，因避难改为朱氏。

④出自上古传说中的古天子朱襄氏。

⑤出自祁姓，为上古五帝之一的帝尧的儿子丹朱之后，以祖名为姓。

⑥出自赐姓、外族改姓和少数民族中的朱姓。朱元璋建明后，赐有功之人朱姓；北魏孝文帝南迁洛阳后，鲜卑族复姓浊浑氏、朱可浑氏皆改姓朱氏；其他少数民族中亦有朱氏。

·郡望堂号·

郡望

沛郡：汉高帝时置郡，治所在相县（今安徽宿县西北）。此支朱氏，其开基始祖为西汉大司马朱诩。

河南郡：汉高帝时置郡，治雒阳（今河南洛阳）。此支朱氏，主要为北魏时期浊浑氏、朱可浑氏所改的朱氏后代。

丹阳郡：汉置郡，治宛陵（今安徽省宣城），三国吴移治建业（今江苏省南京）。

堂号

白鹿堂：宋朝理学家朱熹曾在白鹿洞书院讲学，故有此堂号。

·宗族特征·

朱姓家族历史上有称帝者21人，称王者无数，政治地位十分显赫，家族兴旺，形成了众多的郡望和堂号，还将堂号写于生活中的各个地方。各支朱姓人字行辈分排列有序。如广州两岳朱姓人的字行为："明儒业以训世传

朱熹

家,诚正修斋,徽国清芬贻泽远;仰祖谟之承先启后,名贤忠义,岳山光大肇基弘。"

·历史名人·

朱熹:南宋著名哲学家、诗人、文学评论家,集北宋以来理学之大成,影响极大。

朱元璋:明朝开国皇帝,濠州钟离(今安徽凤阳)人,1368年建立明朝,史称明太祖。

朱自清:著名散文家、诗人。著有诗文集《踪迹》,散文集《背影》等。

·繁衍变迁·

朱姓发源于今河南淮阳、山东邹城和江苏境内。先秦时,朱姓人主要生活在黄河中下游地区,包括今河南大部,山东西部和河北、山西的南部等地区。两汉时,朱氏家族的各大望族纷纷形成。魏晋南北朝时,政治动荡,朱姓汉族人大举南迁,并与少数民族融合,使朱氏家族的势力进一步扩大。隋唐五代是朱氏家族发展的低潮期,但仍有族人播迁于今安徽、广东、湖南等地。宋元时,江南朱氏家族复兴,出现了新的发展高潮,并使今浙江、河南、河北、安徽的朱姓人得以繁衍。明朝,朱姓成为皇姓,朱氏家族的发展进入顶峰,在各地均出现名门望族。清朝时,朱姓广布全国。

十五 高

·姓氏来源·

高姓是当今中国排行第十五位的大姓,人口众多,主要分布在江苏、福建、广东、江西、云南等地。高姓来源主要有四:

①出自姜姓。姜太公六世孙齐文公吕赤的儿子受封于高邑（今河南省禹县），称为公子高。他的孙子名傒，以其祖父封邑为氏，称为高傒。高傒后代以高为姓，尊他为始祖。高傒是齐桓公的重要臣属。高傒后裔高洪为东汉渤海郡守，渤海高氏由此发轫，繁衍不息，成为当今高姓族群中最庞大的一支。

②以父字为氏。春秋时齐惠公之子叫公子祁，字子高，其后裔取其字为姓氏，是为山东高氏。

③由"高"字开头复姓简化而来。如高车氏、高堂氏、高阳氏、高陵氏等简化而为"高"姓。

④出自他姓。十六国时，后燕皇帝慕容云自称为颛顼高阳氏后裔，遂改姓高；鲜卑族元景安、元文遥有功于北齐，北齐文宣帝高洋赐他们"高"姓；高丽羽真氏，后改高氏；魏时，鲜卑族有楼氏，后改高氏；女真族石烈氏、纳羊氏，满族高佳氏、佟佳氏和北宋时入居开封的犹太人等改高姓；北齐重臣高隆之，本姓徐，因其父与高欢交厚，遂改为高姓。

· 郡望堂号 ·

郡望

渤海郡：西汉时置郡，治所在浮阳（今河北省沧州）。此支高氏，其开基始祖为东汉渤海太守高洪。

广陵国：汉时置，治所在今江苏省扬州市。此支高氏，为吴丹阳太守高瑞之后。

河南郡：汉时置郡，治所在雒阳（今河南洛阳市东北）。此支高氏为鲜卑族高氏之后。

渔阳郡：秦置，治所在渔阳县（今北京密云县西南）。

高柴

辽东郡：战国燕将秦开拓建，秦置郡，治所在襄平（今辽宁省辽阳市）。

堂号

厚余堂：孔子弟子高柴，任费城宰（县长）。孔子评价他："柴也愚。"朱熹注："愚是知不足而后有余也。"《辞海》说："愚，纯朴也。"由是，高姓后代以"厚余"为堂号。

· 宗族特征 ·

中国历史上，高姓称帝王者有14人，曾建立北齐、燕、荆南等政权。各地高姓家族的字行辈分在形式上多种多样，家规家训却大同小异，一般都以强调忠孝纲常的伦理观为重点。

· 历史名人 ·

高适：唐朝诗人，与岑参并称为"高岑"，代表作有《燕歌行》。

高则诚：永嘉（今属浙江温州市）人，元代著名戏曲家，所著南戏剧本《琵琶记》流传甚广。

高启：元末明初长洲（今属江苏苏州）人。学识渊博，擅长诗赋，与杨基、张羽、徐贲并称"吴中四士"，著作被后人汇编为《高太史全集》。

高翔：扬州（今属江苏）人，清代"扬州八怪"之一。擅长山水画，画梅风格疏淡秀雅，亦能画像。

高鹗：清代文学家，汉军镶黄旗人，《红楼梦》后四十回的作者。

· 繁衍变迁 ·

高姓发源于今山东。战国到秦汉，高姓人已迁入今河北、辽宁。秦汉三国时期，高姓人渐活动于海河流域、黄河上、下游，淮河流域，长江上、下游地区。两晋南北朝时，战乱频繁，高姓人大举南迁。隋唐时，有高姓人迁入今福建。五代时期，有原居于今河南三门峡的高季兴在今湖北荆州市建南平国，有原居于今山西太原的高彦俦在控制今四川的后蜀政权为官。此期，江南江北都有高姓人活动。两宋时，高姓人向江南迁徙，定居于海宁（今属浙江）、临安（今浙江杭州）、温州（今属浙江）、山阴（今浙江绍兴）、晋陵（今江苏武进）等地。元明清时期，高姓人多集聚于东南地区，尤以江苏、浙江地区最为集中。

十六 林

· 姓氏来源 ·

林姓人口众多，约占全国汉族人口的1.17%，在当今中国姓氏中排行第十六位。林姓源出有三：

周平王姬宜臼

①黄帝后裔，其始祖为比干。比干被纣王害，夫人陈氏正有孕在身，连夜出逃，在牧野（今河南卫辉、淇县一带）郊外树林生下一男孩，为他取名坚。周武王灭商，特别赐他林姓以合其生地，以此纪念忠直之臣比干。

②出自姬姓，东周时，周平王的庶子名开，字林，其后子孙以祖父字为姓。

③出自少数民族改姓。北魏孝文帝在迁都之后，将本族原来复姓丘林的一部分改汉字单姓林氏，是为河南洛阳林姓。

·郡望堂号·

郡望

济南郡：治所在东平陵（今山东省章丘西）。

下邳郡：治所在下邳（今江苏省睢宁西北）。

晋安郡：治所在侯官（今福建省福州）。

堂号

九龙堂、十德堂：比干的子孙林皋，战国时在赵国为相，权倾一时，德高望重。他生有九子，各有才德，时人称"九龙"，其家族被称为"九龙门"，故有"九龙堂"。而林皋父子十人同以德才见称，故又有"十德堂"。

·宗族特征·

林姓家族在得姓伊始便带上了鲜明的忠臣之家或忠臣之后的特色。林姓家族经历代先贤的倡导和身体力行，使忠孝传家、重视教育、尊敬祖宗、敦亲和睦等美德成为传统家风。林姓各支的字行辈分排列有序，如山东德州林姓一支的字行派语为："若宗孟荣，厚泽祖恩。"

·历史名人·

林士弘：隋末鄱阳（今属江西）人，隋末参加起义后称帝，为林姓宗族内唯一称帝之人。

林则徐：福建侯官（今福建省福州）人，曾领导虎门销烟，是历史上著名的民族英雄。

林语堂：享誉海内外的文化名人、语言学家，代表作有《生活的艺术》《京华烟云》等。

林伯渠：原名林祖涵，号伯渠，湖南临澧人，中共早期卓越领导人之一，无产阶级革命家，教育家，全国人大常委会副委员长。

· 繁衍变迁 ·

　　林姓发源于今河南境内。自林坚得周武王赐姓，食邑博陵（今河北安平）后，其子孙世袭其爵。春秋时期，林姓人散居于今陕西、河南、山东等地。战国时期，有林姓人迁至西河（今河南安阳一带）。汉朝时，林姓人成为今山东济南地区的名门望族。东汉末至三国时期，原居于中原（黄河中下游地区，包括今河南大部、山东西部和河北、山西的南部）的林姓人因遭政治迫害而大批南迁入今江苏、浙江一带。西晋末年，中原林姓人开始进入今福建。唐宋时，有林姓人迁入今海南。明时，有林姓人散居于今河南、甘肃等地。明清之际，今福建、广东沿海地区的林姓人开始移居台湾、远播港澳与海外。

十七 何

· 姓氏来源 ·

　　何姓人口众多，遍布南北，但南方多于北方。何姓在南方各省区中，一般均占各省人口的1%以上。何姓来源有五：

　　①出自姬姓，为周文王裔孙韩武子之后，其子孙中有一支居江淮一带，当地语音韩与何相近，因而讹为何，成为何姓。

　　②出自韩姓，为战国末期韩王安次子韩瑊之后，韩瑊避难时指"河"为氏，后称何氏，子孙相沿。

　　③少数民族中何姓。隋唐西域阿姆河、锡尔河流域氏族有"昭武九姓"，即康、史、安、曹、石、米、何、火寻和戊地。

　　④出自他姓改姓。安徽庐江黄屯何姓相传是明代方孝孺的后代，为了避难，方氏举家从江西迁到了安徽，并且改祖姓为何姓。鲜卑复姓贺拔氏随北魏孝文帝迁都洛阳后改为单姓何氏。

　　⑤出自赐姓。元朝末年吐蕃宣抚使锁南的儿子锁铭到朝廷办公，被赐姓何，他的后代便以何为姓。

· 郡望堂号 ·

郡望

庐江郡：西晋置，辖今东起安徽芜湖、北至寿县、南至江西九江的广大地区。庐江何氏具体在今安徽省霍山县东北境内。

陈郡：包括今河南的太康、西华、商水、淮阳、郸城、柘城等县。其中太康魏晋时期称阳夏，是陈郡何氏的发祥地，该家族的始祖是三国时魏国成阳亭侯何夔。

东海郡：何氏家族主要在东海郯县（今山东郯城）。该郡望大致形成于南朝刘宋时期，其分支较多。影响大者有三，南朝宋天文学家何承天一门最负盛名，另外两支为南朝诗人何思澄家族、南朝齐尚书郎何慧炬家族。

郫县：秦代置县，为今四川成都西北的郫县。此支何姓开基始祖为西汉大臣何武。

扶风郡：三国魏时置郡，治所在槐里（今陕西省兴平东南）。

齐郡：西汉先为临淄郡，后改齐郡，治临淄（在今山东省临淄一带）。

何武

堂号

水部堂：南朝何逊，官尚书水部郎，诗文很有名，著有《何水部集》，因而有此堂号。

· 宗族特征 ·

何姓一族的历史发展演变具有复杂性、多样性的特征：何姓族人分布广泛、流徙频繁，历史上在政治、经济、文化等领域内，人才辈出，名人不断，为中华民族的发展作出了巨大贡献，同时也使得本族获得了巨大发展，以致"根深蒂固"、枝繁叶茂。各支何姓字行辈分排列有序。

· 历史名人 ·

何晏：三国时玄学家，为魏晋玄学的主要创始者之一。

何承天：东海郯（今山东郯城）人，南北朝时南朝宋的无神论思想家、天文学家。他博通经史，精历算，曾考定"元嘉历"，使月食与朔望相符。

何景明：信阳（今属河南）人，明朝文学家。主张文仿秦汉，诗宗盛唐，为当时的"文坛四杰"之一，也是明代著名的"前七子"之一。著有《大复集》《雍大记》等。

何香凝：广东省南海人，廖仲恺夫人，为现代中国杰出的妇女革命领袖，岭南画派的著名画家,曾任全国人大常委会副委员长。

· 繁衍变迁 ·

何姓发源于江淮流域的今江苏和安徽两地，族人早期主要分布于江淮流域及江淮流域以北地区。在两汉至魏晋南北朝时，何姓人由江淮迁入今山东、河南、河北、山西、陕西、四川等地，从而形成以我国北方为主要繁衍地带的局面。这一时期，何姓家族逐渐繁衍壮大，且形成了庐江（今属安徽）、陈（今河南、安徽部分地区）、东海（约为今山东兖州、江苏邳

家族相聚

州一线以东至海间地）三大郡望，在政治上与文化上涌现出大量高官与名人，为何姓族人以后的发展打下了坚实基础。何姓人在晋代开始南迁，成为"入闽八姓"之一。隋唐时，何姓人在我国南北地区均有巨大发展，尤其以南方各地的繁衍为盛。明清时期，何姓家族逐渐壮大，族人遍布于全国各地。

十八 郭

· 姓氏来源 ·

郭姓是当今中国姓排行第十八位的大姓，以河南、河北、山东、湖北、四川等省最多，郭姓源出有四：

①出自夏代大臣郭支和商代大臣郭崇。据传，此二人皆是禹的驭手郭哀的后代。

②以居住地为姓氏。"郭"，字义为外城，即因住在城外，而以郭为氏。

③出自姬姓。周平王将黄帝的后裔虢序封于阳曲，虢序因而号曰"虢公"。因虢、郭音同，又称"郭公"，他的一些后代便以郭为姓氏。

④出自他族或他姓改姓。据史料载，后周太祖郭威本常氏子，幼时丧父，其母改嫁郭氏，他便改姓郭。少数民族如拉提氏、戈勒氏、鄂尔根千氏、瓦勒克氏、郭包勒氏、郭尔佳氏、郭罗罗氏、果尔齐氏等众多姓氏改为郭姓。

· 郡望堂号 ·

郡望

冯翊郡：三国时置郡，此支郭氏为太原郭氏分支，开基始祖为东汉冯翊太守郭孟儒。

汾阳县：西汉时置郡，此支郭氏为华阴郭氏分支，开基始祖为唐中书令郭子仪。

中山郡：治所为卢奴（现在河北省定州），其开基祖为唐朝中书侍郎郭正一。

颍川郡：治所为阳翟（现在河南省禹州市），其开基祖为北齐黄门侍郎郭举。

堂号

尊贤堂：战国时燕昭王招贤，郭隗建议，如果昭王能将自己当贤人尊重，更贤明的人将不请自来。于是昭王给他建筑宫室，并尊敬他如老师，后乐毅、邹衍、剧辛等有才能的人果然纷纷归燕，燕国由此强大。郭姓因而有此堂号。

· 宗族特征 ·

郭姓家族枝繁叶茂，尊荣显赫。三千多年来，形成了崇文尚武、务实进取、勤劳智慧、尊长爱幼、报本思源等具有明显家族文化特色的美德。郭姓人的字行辈分排列有序，如湖北安陆县一郭姓人的字行为："永世文应尚，显万中正诒，泽定远永治，先型敦崇原，本子名世守，封显万德全，隆首高取大，士品皇堂正，发惟显名扬，志有文章书，万载庆德贤，儒子益光。"

·历史名人·

郭璞：东晋训诂学家。他博学多才，好古文奇字，注释《尔雅》《穆天子传》《山海经》《楚辞》等著作，为后世注疏家所推崇。

郭守敬：元朝著名文学家、水利学家、天文学家、数学家，主持编制了《授时历》，是中国古代一部很精良的历法。

郭希汾：字绍虞，江苏省吴县人，第一部《中国体育史》的作者。少年时家境贫寒，无力入学，全靠自学成材，成为中国语言文学教授。著有《战国策详注》及我国历史上第一部体育专著《中国体育史》。

·繁衍变迁·

郭姓发源于今河南、山西、陕西等地。春秋战国时，郭氏已播迁于今山东、河北。汉代及其以后的较长时期内，郭姓人一直以今山西太原为发展繁衍的中心。此外，在汉代亦有居于今内蒙古自治区和甘肃、四川、安徽者。魏晋南北朝时，为避战祸，郭姓人大举南迁，散居今浙江、江苏。隋唐时，郭姓是今山西、山东的第一大姓，同时亦有郭姓人因战乱而迁居今浙江、江苏、湖北、福建等地。五代至宋元时，郭姓人遍布大江南北。明末清初，今福建境内的郭姓人有迁居台湾，或远徙欧美及东南亚者。

十九 马

·姓氏来源·

目前，马姓为中国第十九位大姓，主要生活在北方，特别是西北地区。马姓源出有四：

①出自嬴姓，为颛顼帝裔孙伯益之后。战国时期，赵国将

军赵奢受封于马服（今河北邯郸一带），人们称他为马服君。他的子孙以"马服"为姓，称马服氏，后来省去了服字，称马氏，世代姓马。

②源于金朝，始祖为西域人马庆祥，入居临洮狄道（今甘肃省境内），成为马姓一支。

③源于元朝，始祖是蒙古人月乃和，金末为凤翔兵马判官，以官名中"马"为姓，取名马祖常，其后人亦以马为姓。

④他族他姓改姓。如回族人内迁，采用汉字马姓，马姓为回族常见姓之一。清代满族人中的马佳氏，改姓为马。

·郡望堂号·

郡望

扶风郡：汉置右扶风，三国时期改为扶风郡，治所在槐里（现在陕西省光平东南）。

京兆郡：今陕西省西安。汉以京兆尹、左冯翊、右扶风为三辅，三国魏改建京兆郡。

临安郡：宋建炎三年（1129年）升杭州为临安府，今属浙江省杭州市。

西河郡：汉有西河郡，在今内蒙古鄂尔多斯市东部及晋西等地。

广陵郡：秦置广陵县，东汉改为郡，在今江苏扬州。

华阴郡：古代县名，唐天宝元年改置郡，治所在郑县（今陕西省华县）。

堂号

绛纱堂：东汉校书郎马融，才高博洽，为世之通儒，有弟子千余人。他在教室里设绛纱帐，前授弟子，后设女乐。弟子都专心听讲，没有人顾盼女乐。因而有此堂号。

·宗族特征·

马姓在少数民族中为大姓,在汉族中也属人口排行前列之姓。马姓族人多生活于西北地区,历史上所出名人较多,遍布经济、政治、文化领域。马姓家族各支字行辈分排列有序,如河北青县马姓一支的字行为:"有志名克立,维汝受国荣,之文允宝镇,世锡庆元宏。"

·历史名人·

马援:扶风茂陵(今陕西省兴平)人,东汉名将。年六十余仍征战沙场,曾谓宾客曰:"丈夫立志,穷当益坚,老当益壮。"又言:"男儿要当死于边野,以马革裹尸还葬。"他发展了相马法,著有《铜马相法》等。

马钧:扶风(今陕西省兴平)人,三国时机械制造家,因改革绫机而闻名,曾制造翻车,指南车等。

马超:字孟起,三国名将,勇猛过人,官至骠骑将军。

马致远:元代著名的杂剧和散曲作家,"元曲四大家"之一。

·繁衍变迁·

马姓发源于今河北邯郸一带。战国末,马姓人有迁居今陕西咸阳者,并最终使今陕西兴平东北成为马姓人发展繁衍的中心。两汉至南北朝,马姓人分布于今河南、河北、山东、湖北、四川、甘肃、江苏、浙江等地,并大举西迁到今西北地区,后又东迁到黄淮地区。唐末,有原籍今河南的马姓人入今福建。五代十国时,许州鄢陵(今河南许昌

马超

市鄢陵县）人马殷从军作战，建立楚国，地括今湖南省全境、广西壮族自治区大部及广东、贵州部分地区，使马姓人得以分布于这些地区。宋以后今福建、广东一带的马姓人逐渐增多。清代，马姓人有移居台湾地区、远徙东南亚及欧美者。

二十 罗

· 姓氏来源 ·

罗姓是当今中国姓氏排行第二十位的大姓，70%的罗姓人口主要分布在四川、广东、湖南、江西、贵州和湖北等省。罗姓源出有三：

①出自妘姓。颛顼帝之孙祝融氏的后裔有妘姓，周朝时，妘姓子孙有一部分被封在宜城（今湖北省宜城县），称为罗国。后被楚国所灭，妘姓子孙便以国名"罗"为姓。

②出自赐姓。隋、唐、明时有赐姓罗氏者。

③出自他族或他姓改姓。北魏汉化时，鲜卑族复姓破多罗氏、叱罗氏皆改罗姓。唐代西突厥人的子孙以"斛瑟罗"为氏，后简化为罗姓。清代爱新觉罗氏的后代有人已经改姓罗。现在苗族、土家族、瑶族、蒙古族、满族、土族、回族、壮族、朝鲜族、羌族等少数民族以及台湾土著人，都有很多罗姓人。

· 郡望堂号 ·

郡望

豫章郡：楚汉之际置郡，治所在今江西省。

长沙郡：战国秦置郡，治所在今湖南东部、南部，广东连县、阳山，以及广西全州等地。

襄阳郡：东汉置郡，治所在今湖北省襄阳、南漳、宜城、当阳、远安等县。

堂号

尊尧堂、豫章堂：宋朝时，大儒程颐、程颢的再传弟子罗从彦，遵从老师的教诲，隐居传朱熹的理学，著有《尊尧录》，人称"豫章先生"，因有此二堂号。

· 宗族特征 ·

历代罗姓人均具有鲜明开放的性格，善于探索求知。罗姓是多民族融合发展的姓氏，具有鲜明的民族特色，也是一些少数民族中的大姓。罗姓族人热衷于研修家谱，从而使罗姓家谱严谨、完整，各支罗姓人的字行辈分排列有序。

· 历史名人 ·

罗靖：宋代著名学者之一，长于二程理学，被后人尊称为"四先生"之一。

罗贯中：元末明初小说家，其著作《三国演义》，是我国小说史上的里程碑。

罗士琳：甘泉（今属江苏）人，清代著名数学家。早年精研天文数算，遂以天文生入钦天监推算天历，著有《勾股容三事拾遗》《四元玉鉴细草》《增广新术》等一大批著作。

罗荣桓：军事家，多次指挥著名战役，中国人民解放军十大元帅之一

· 繁衍变迁 ·

罗靖

罗姓起源于今湖北宜城县。春秋战国时期，罗国为楚国所灭，罗姓人便逐渐由原聚集地向南迁移，周末时迁至今湖南长沙。三国两晋南北朝时，罗姓族人大举南迁，至今江西、广东、福建等省，成为南方一大姓氏。唐宋时，罗姓发展进入鼎盛期。元明清时，罗姓人迫于战乱又一次迁徙，并通过各民族间的融合得以进一步发展壮大，且成为一些少数民族的重要姓氏。

二十一 郑

· 姓氏来源 ·

郑姓是当今中国排行第二十一位的大姓，在我国分布比较广泛，尤其是在南方地区，以福建、浙江两省为最多。

①出自姬姓。黄帝裔孙后稷之后周宣王封小弟姬友于郑（陕西省华县东），姬友建郑国，史称郑桓公。后郑国为韩国所灭，亡国后的郑人为纪念故国以郑名氏，就得郑姓。

②他姓他族改姓。如唐朝尚书郑注本来姓鱼，后改姓郑；明代郑和本姓马，为回族人，因在"靖难之役"的郑村坝（今北京市东坝）一战中表现突出，故而赐姓"郑"。后来，郑和过继其兄马文铭长子为后，取名赐，遂繁衍为郑氏家族。

③今天少数民族中也有以郑为姓的，其姓氏来源和血统源流当是另有所出。

周宣王姬靖

· 郡望堂号 ·

郡望

荥阳郡：三国时置郡，治所在荥阳（今河南省荥阳县东北），下辖包括开封在内八县。荥阳郑氏最早的居住地是开封县，即今天河南开封县朱仙镇古城村一带。

高密郡：西汉时置郡，治所在高密（今山东省高密县西南），辖区包括今天山东省潍坊市、高密县一带。

雍州郡：东汉时置郡，治所在长安（今陕西省西安市）。

陇西郡：战国时置郡，治所在狄道（今甘肃省临洮南）。辖区包括今天甘肃省东乡以东至临洮县一带陇西地区。

堂号

博经堂：东汉郑玄，博览群经，几千人拜他为师。当时的读书人大都专治一经，郑玄却独自力主博通，因有此堂号。

· 宗族特征 ·

历代郑姓族人地位均比较显赫，且在经济、科技等领域也都名人辈出。郑姓家族以忠孝治家，以家风淳朴而著称。郑姓各支字行辈分排列有序，郑家清修的《郑氏家谱》中记载，通山（今属湖北）郑氏一支的字行为："令嗣承家远，宗由通德传，永升泰运日，显达盛英贤。"

· 历史名人 ·

郑光祖：平阳襄陵（今山西临汾附近）人，元曲四大家之一，一生创作颇多，代表作为《倩女离魂》。他被后人誉为"名香天下，声振闺阁，伶优辈称'郑老先生'"。

郑和：明航海家，七下西洋，最远曾达非洲东岸、红海和伊斯兰圣地麦加，是世界航海史上的伟大人物。

郑成功：明末清初民族英雄，收复台湾的名将。

郑板桥：清朝书画家，"扬州八怪"之一。

· 繁衍变迁 ·

郑姓发源于陕西华县以及河南开封、周口、商丘交界一带。郑亡国后，子孙散居河南东部及山东、山西、安徽、河北等地，并有入四川者。两汉时期，因汉武帝令"强宗大族，不得聚居"，有郑姓二十四世孙南迁至浙江会稽山阴。郑姓大举南迁始于西晋"永嘉之乱"之时。唐时，郑姓有人进入福建，使得郑姓在东南沿海的中心逐渐形成。郑姓移居台湾，始于明代郑成功；播迁至海外，始于清朝。

郑和

二十二 梁

· 姓氏来源 ·

梁姓是当今中国姓氏排行第二十二位的大姓。今日梁姓以广东最多，约占全省人口的4.7%。广东梁姓占全国梁姓人口的35%。梁姓来源主要有五：

①出自嬴姓伯益之后裔。伯益后裔之一秦仲的小儿子曾经建立梁国，但最终为秦所灭。梁国人为纪念祖国，大部分都以原来的国名为姓。

②出自姬姓。周平王之子唐的封地为南梁，后来南梁被楚灭掉，唐的后裔便以"梁"为氏。

③出自地名。春秋时晋国大夫梁益耳、梁弘和楚国大夫梁由靡的姓氏都是依所居之地而来。

④战国时，韩、赵、魏"三家分晋"后，魏国迁都于大

梁,亦称梁国,后有人以"梁"为姓。

⑤他族他姓改姓。北魏孝文帝迁都洛阳后,将拔列兰氏改为梁姓。满族良佳氏,苗族有郎你氏,因其姓氏的发音很接近汉姓"梁",也改姓梁。

· 郡望堂号 ·

郡望

安定郡:西汉置郡,相当于现在的甘肃景泰、靖远、会宁、平凉、泾川、镇原及宁夏中宁、中卫、同心、固原等地。这支梁氏的开基始祖是春秋时晋国大夫梁益耳。

扶风郡:汉武帝设置右扶风,三国魏时改置郡,相当于现在的陕西省麟游、乾县以西,秦岭以北一带地区。这支梁氏,出自汉时安定梁氏的分支。

天水郡:西汉置郡,相当于现在的甘肃省通渭、静宁、泰安、定西、清水、庄浪、甘谷、张家川等县,以及天水市西北部、陇西东部、榆中东北部等诸多地方。天水梁氏,出自氐族梁氏。

河南郡:汉高帝置郡,相当现在在河南省黄河以南洛水、伊水下游、贾鲁和上游地区,以及黄河以北原阳市。河南梁氏多来自匈奴。

下邳郡:南朝宋时置郡,治所在下邳(今江苏省睢宁县西北一带)。

堂号

仪国堂:南宋右丞相梁克家,风度修整,原则性强,即使涉及近亲、权(大官)、幸(宠官),也能按原则办事,使忠良赖以保全。因他曾被封为仪国公,故有此堂号。

· 宗族特征 ·

梁姓发源于北方,后成为一个典型的南方姓氏。梁姓人多忠贞爱国、尊学重教之士，历代名人以文人墨客居多。梁姓人的字行辈分排序分明有致，反映出其鲜明的家族特征。如清宣统年间（1909~1911年），由梁道生所修撰的《梁氏族谱》中载陕西梁姓一支的字行为："世贵端本，元孝承嗣，道安靖贤。"

· 历史名人 ·

梁肃：安定（今甘肃泾川）人，唐代文学家，官至右补阙、太子侍读、翰林学士等职。其文风尚古朴，为古文运动的先驱者之一。

梁红玉：楚州（今江苏淮安）人，南宋名将韩世忠之妻，我国古代杰出的女军事家，在抗金斗争中，多次立功，被封为安夫人、杨国夫人。

梁启超：资产阶级改良主义者、学者，倡导维新变法，所著被辑为《饮冰室合集》。

梁实秋：现代著名文学家，著有《雅舍小品》《雅舍杂文》《雅舍谈吃》等。

梁思成：中国近现代著名建筑历史学家、建筑教育家和建筑师，中国建筑教育的奠基人之一，中国古建筑研究的先驱者之一，中国古建筑和文物保护工作的倡导者之一，新中国首都城市规划工作的推动者，建国以来几项重大设计方案的主持者。

· 繁衍变迁 ·

梁姓发源于今陕西一带。晋以前，梁姓人多集中于北方，尤以西北为主。秦汉时，梁姓人散居于今山西、陕西耀县、富平一带。汉平帝时，梁姓人集中于今甘肃东部、宁夏回族自治区大部及陕西关中（今陕西渭河流域一带）西部。魏晋南北朝时，梁姓人为避战祸而南迁于今浙江杭州、广东河浦之间，并有梁遐开基福州（今属福建），被视为梁姓人在今广东、福建的始祖。此时，梁姓人遍布今四川、安徽、江西、湖北、浙江、广东、福建。隋唐时，梁姓人在南方又有了大的发展。宋元时，梁姓人为避兵灾再次大举南迁。明清时，梁姓人已遍布全国，且以广东、福建、浙江为主居地。

二十三 谢

· 姓氏来源 ·

谢姓是中华大姓，江南谢氏在历史上曾颇富名望，如今谢姓广布全国各地，在中国姓氏中排第二十三位。其源出大概有三：

①出自姜姓。姜太公传至63世孙申伯。周宣王念太公开国之功，且申伯为其妻弟，故封申伯于陈留郡谢邑（今河南唐河县南）。申伯子孙便以地为姓。

②出自任姓，为黄帝第七子之后。据传，黄帝二十五子，其中第七子为任姓，任姓建有10个小国，其中第一为谢国。后子孙散亡，以国名为姓，形成了此支谢氏。

③出自少数民族改姓：如唐代诗人谢偃，本姓直勒，其祖父为北齐散骑常侍，谢偃及第后改姓谢。又如土族谢加氏改姓谢。

· 郡望堂号 ·

郡望

陈留郡：秦代置郡，治所在陈留（今河南省开封县东南陈留镇）。

陈郡：秦代置，治所在陈县（今河南省淮阳）。

下邳郡：东汉置，治所在下邳（今江苏省睢宁西北）。

会稽郡：秦置，治所在吴县（今江苏省苏州市），辖境包括有浙江省大部及皖南一部。

冯翊郡：汉时置左冯翊，三国魏时改为冯翊郡，治所在临晋（相当于今陕西省大荔县一带地区）。

堂号

东山堂：东晋股肱之臣谢安未出仕前隐居于东山（今浙江上虞县西南），故有此堂号。

· 宗族特征 ·

自汉魏到两晋南北朝，谢姓名家辈出，多若星辰，成为仅次于著名世族琅玡王氏的豪门望族，与王氏一道被称为"侨姓望家"，如此风光，殊为罕见。谢姓家族家乘谱牒的谱序写作者多为名人，如苏轼、朱熹、黄庭坚等；族人字行辈分排列有序，如闽州（今福建福州）谢氏一支的字行为："慎言省行，绪祖绍业，志承家泽，敏昭可宪。"

· 历史名人 ·

谢安：东晋宰相，主持淝水之战，创造了以少胜多的著名战例。

谢玄：东晋大将，谢安兄谢奕之子，有经国才略。

谢朓：南朝齐国诗人，颇为李白所推许，为永明体作家中成就最高诗人。

谢灵运：南朝宋国著名诗人、画家、文学家，开创了文学史上山水诗派。

谢婉莹：笔名冰心，福建长乐人，现代小说家、散文家、诗人。代表作有通讯散文《寄小读者》，诗集《繁星》《春水》等。

· 繁衍变迁 ·

谢姓发源于今河南。谢国灭亡后,谢姓人部分迁到淮河中上游一带,部分迁到今湖北武当山东南的荆山。秦国灭楚之后,谢姓人南迁至潇水流域和今重庆涪陵。汉魏时期,会稽山阴(今浙江绍兴)有谢姓人兴起。两晋南北朝时,有谢姓人南迁至今江西,北上今陕西,西进今四川成都、彭水和云南永昌。唐僖宗时,谢姓一支迁至今江西宁都。宋时,有会稽山阴谢夷吾之后迁居今福建。至元、明、清时,谢姓人在南方的发展势头超过北方。明末谢姓人入台或迁至菲律宾等地。清同治年间,有今广东境内的谢姓人迁至美国旧金山。

谢灵运

二十四 宋

· 姓氏来源 ·

宋姓是当今中国第二十四大姓,其源出有二:

①以国名为氏。纣王辛的长兄为微子启。纣王荒淫无道,微子启见进谏无效,便假装生病,不再参与朝政。周武王灭商以后,把商朝旧都商丘附近的土地封给了微子启,微子启立宋国。宋传国三十六世,后为齐、魏、楚三国灭而分之,其子民以国为氏,是为宋姓。

②出自少数民族改姓或赐姓而来。如五代时辰州(今湖南省沅陵)少数民族首领改宋姓;明初皇帝曾赐元人伯奇特兆尔姓宋名一诚;清贵阳府有宋姓土司,得姓于元朝;清世居沈阳、牛庄、铁岭的满洲人改宋姓;清高丽人(今朝鲜族)有改

宋姓者。

·郡望堂号·

郡望

京兆郡：西汉置郡，治所在长安（今陕西省西安市）。此支宋氏，为后汉侍中宋弘之族所在。

西河郡：治所在平定（今内蒙古杭锦旗）。

广平郡：治所在广平（今河北省鸡泽）。

敦煌郡：治所在今甘肃省敦煌。

弘农郡：治所在弘农（今河南省灵宝）。

乐陵县：治所在今山东省乐陵。

江夏郡：治所在安陆（今湖北省云梦）。

堂号

玉德堂：宋朝时，宋祁在礼部考试中名列第一，后官至兵部尚书，著《玉楼春词》，因有"红杏枝头春意闹"的名句，而被人们称为"红杏尚书"。同时，他也以贤德著称。所以后人就以"玉德"为堂号。

·宗族特征·

宋姓家族历代名家辈出，其字行辈分严谨明了，如广东鹤山宋氏一支的字行为："肇从扬，有道以善悦缘纲，本懿美成芳；远明辉，振彩常，英华昭世德，礼义集祯祥。"

·历史名人·

宋玉：战国时楚国人，文学家，屈原的弟子，工于辞赋，擅长音律，代表作为楚辞《九辩》《招魂》。

宋濂：浙江义乌人，明代文学家，著述甚丰，曾主修《元史》。

宋应星：江西奉新县人，明代科学家，所著《天工开物》共三卷十八篇，是我国古代综合性科学巨著。

宋教仁：湖南桃源人，近代民主革命家，曾帮助孙中山改同盟会为国民党，后被袁世凯暗杀于上海，年仅31岁。

宋庆龄：祖籍海南文昌，出生于上海，孙中山夫人，曾任中华人民共和国名誉主席，爱国主义战士，杰出的国际政治活动家。

· 繁衍变迁 ·

宋姓发源于今河南商丘。秦汉之前，宋姓人已散居今江苏、河北、湖北、陕西关中（今陕西西安）等地。汉初，有关东（今河南、山东等地）宋姓人迁入关中（今陕西渭河流域一带）。不久，京兆（今陕西西安）宋姓人陆续有西迁入今甘肃敦煌、东迁入今河南、南迁入今湖北安陆者。同时，定居今山西的宋姓人有迁往今河北鸡泽、河南灵宝者。唐安史之乱后，有宋姓人入今福建。宋朝时，有宋哲自今陕西兴平迁入今河北广平，其后代有宋军兄弟七人迁往今北京、山东、江苏、江西等地。宋代以后，宋姓人开始遍及大江南北。

二十五 唐

· 姓氏来源 ·

唐姓源出有三：

①出自祁姓，尧之后。尧帝诞生于今唐县尧山（今河北唐县与顺平县交界处之伊祁山），以祁为姓，也叫伊祁。帝尧之子丹朱被舜封在唐地为唐侯，建立唐国。后其国被周成王所灭，其子孙有以国名为氏者，此为唐姓。周昭王时，为祭奉唐尧，封丹朱裔孙在鲁县（今河南省鲁山县）为唐侯，建立唐国。唐国后被楚所灭，子孙以唐为氏，此为豫鲁（今位于河南、山东两省之间）唐姓。

②出自姬姓。相传，春秋时楚地（今属湖北省）有一支姬姓唐诸侯国，被楚所灭后，其子孙以唐为姓，称为唐氏，此为湖北唐姓。

③出自他族唐姓或他姓改姓。如汉代时南蛮白狼王为唐姓，三国时陇西（今属甘肃省）羌族中有唐姓者。元代西域畏兀人唐仁祖，其子孙以唐为姓。满族塔塔喇氏、唐古氏、唐尼氏、唐佳氏，后简改为唐氏。土族拉什唐氏改唐姓。另外，瑶、苗、蒙古等少数民族中均有唐姓者。

· 郡望堂号 ·

郡望

晋昌郡：晋永和中置郡，治所在长乐（今陕西石泉县）。此支唐氏，其开基始祖为十六国前凉凌江将军唐郓。

丹朱漫游

北海郡：汉时分齐郡置郡，治所在营陵（今山东昌乐东南）。

鲁国：西汉初改薛郡置鲁国，治所在鲁县（今山东曲阜）。晋改为郡。

晋阳县：秦置，治故晋阳城。秦汉为太原郡治所，东汉后又为并州治所。

堂号

移风堂：汉时唐费汛为萧县令，爱民如子，先教后罚，移风易俗，在官九年，地方为之一变，全县三年都没有讼狱之争。

· 宗族特征 ·

唐姓家族名人辈出，从其排列有序的字行，即可一窥其根由。如浙江唐姓一支的字行为："福禄永隆昌，和良瑞世美，才智端宁聪。"又江苏一支的字行为："本立元孝，起宗节义。"

· 历史名人 ·

唐慎微：今四川省重庆人，宋代著名医药学家，编有《经史证类备本草》。

唐赛儿：蒲台（今属山东滨州）人，明初农民起义军女领袖，白莲教首领，自称"佛母"。

唐寅：江苏苏州人，明朝文学家、书画家，与沈周、仇英、文征明合称"明四家"，留有《六如居士全集》《画谱》等。

唐英：关东沈阳人，清陶瓷艺术家，能

唐寅

文善画，兼书法篆刻且又精通制瓷，有诗文集《陶人心语》。

· 繁衍变迁 ·

唐姓发源于陕西、山西、河南、湖北等地。秦汉时，唐姓已播迁至山东、江苏、江西、四川、广东、安徽等地。魏晋南北朝时，唐姓人更广泛地分布于南方各地，并且在湖南省境成为著名的大姓，而浙江、甘肃等地也有了规模较大的唐姓聚居点。隋唐时期，有河南固始唐姓人移居福建漳州，成为著名的"客家人"中唐姓人的祖先。宋、元时，兴起于北方的唐姓已大量居于南方。明、清时期，又有唐姓人移居台湾，乃至远徙海外。

二十六 许

· 姓氏来源 ·

许姓是当今中国姓氏排行第二十六位的大姓，今日许姓以江苏、山东、云南、广东、河南、安徽、浙江等省居多。许姓源出有三：

①出自姜姓，为炎帝的后裔，以国为氏。据《元和姓纂》及《新唐书·宰相世系表》所载，许氏与齐氏同祖，为上古四岳伯夷后。"四岳"（尧舜时四方部落首领）是由姜姓发展出来的四支胞族，他们和姬姓部落结成联盟，跟子姓商族平行发展。以姬姓和姜姓部落为主的盟军打败了商纣王，建立了姬姓国——西周。周成王时，大规模地分封诸侯，其中商的旧地也分封了一些姬姓诸侯国和姜姓诸侯国，许国正是被周分封的姜姓诸侯国之一，其始祖为文叔，也称为许文叔。春秋时，许国成为楚国的附庸，战国初期被楚所灭。许国亡国后，子孙以国为氏，称许氏，史称许姓正宗。

②出自尧帝时许由的后代，以祖名讳为氏。据文献史料及考古发掘所证，许由是尧舜时期的高士贤人，居住在箕山（河南登封）。他死后被葬在箕山，后人称为许由山。其后人在许由死后取其名讳为氏，称为许姓。

③出自其他源流。清代广西泗城府（今广西壮族自治区凌云县西南）土司及满、黎、瑶、彝、土家、阿昌、回、蒙古、朝鲜等少数民族均有许姓。

· 郡望堂号 ·

郡望

汝南郡：汉高帝时置郡，治所在上蔡（今河南上蔡西南）。此支许氏，其开基始祖为秦末隐居不仕的高逸之士许猗。

高阳郡：东汉桓帝时置郡，治所在高阳（今河北高阳县东）。此支许氏，为汝南许氏分支，是十六国许据的5世孙高阳太守许茂之族所在。

河南郡：汉高帝时改秦三川郡置郡，治所在雒阳（今河南洛阳市东北）。此支许氏，为文叔直系后裔。

太原郡：战国时秦庄襄王置郡，治所在晋阳（今山西太原西南）。此支许氏，为汝南许氏分支，是东汉末年大名士许劭之后。

会稽郡：秦始皇时置郡，治所在吴县（今江苏苏州市）。此支许氏，其开基始祖为东汉著名文学家许慎之后。

堂号

洗耳堂：传说当初尧帝请许由出任九州长时，许由认为尧说的话污染了他的耳朵，就跑到颍水边去洗耳朵。许氏因以"洗耳"为堂号。

· 宗族特征 ·

以许猗为源头的汝南许姓家族,不但是众多许姓郡望的主干,而且也是许姓人历史上迁徙的主源,就其本支来说,冠冕累世,簪缨不绝,辉煌至极。许姓人秉承先人贤德高洁的品质,仁德克俭、惜阴勤勉,涌现出众多名人。许姓家族的字行规整鲜明,透出许姓族人独有的特征。许引之主修的《许氏家谱》内录有直隶(今河北省)许姓一支的字行为:"立崇文新金学,乃身宝儒以道德。"

· 历史名人 ·

许行:战国时楚国人,农家学派代表人,提出"贤者与民耕而食,饔飧(自理炊事)而治",主张推行耕战政策,奖励发展农业生产。

许慎:汝南召陵(今河南省郾城)人,东汉经学家、文字学家,中国古代首部字典作者,著有《说文解字》。

许劭:汝南平舆(今河南驻马店市平舆县)人,三国时曹魏名士,喜评人物,评曹操为:"清平之奸贼,乱世之英雄。"

许衡:河内(今河南省沁阳)人,宋元时著名的理学家、教育学家,其著作被后人集成《鲁斋遗书》。

许地山:原籍福建,生于台湾,现代文学家,著作有《空山灵雨》《印度文学》《中国道教史》《大藏经索引》等。

· 繁衍变迁 ·

许姓发源于今河南许昌东。许国被灭后,除部分迁居今湖北荆山及湖南芷江等地外,多数许姓人就地繁衍或北上迁至今河北高阳等地。秦汉以后,北方的许姓人主要分布于今河南、河北、安徽、陕西、山西等广大地区。许姓人南迁始于魏晋南北朝。唐初,有今河南的许姓人入今福建。唐代以后,许姓人大举南迁,繁衍于今江苏、浙江、湖北、福建、广东等地。宋末元初,许姓人又有一支徙居今广东。明代,今福建的许冲怀、许申移居台湾,进而又有许姓人移居海外。有迁至今湖南、福建、广东三省及广西壮族自治区的许姓汉族人,融入了侗、壮等少数民族。

二十七 韩

·**姓氏来源**· 韩姓是当今中国排行第二十七位的大姓,人口众多,主要分布于我国北方的河南、陕西、山西、甘肃、河北、辽宁等省,南方则以江苏、安徽、浙江、湖北、福建等省为主。韩姓源出有二:

①出自姬姓,主要有三支:

黄帝裔孙韩经之后。黄帝当初居住在姬水,以姬为姓。黄帝有子昌意,昌意生子韩流,其后有韩经,尧时为仙人,韩经之后代有的遂为韩姓。

周成王封弟弟唐叔虞于韩地(今陕西省韩城),唐叔虞立韩国。其后代有以国为姓者。

春秋时曲沃(今山西闻喜东北)武公姬(即晋武公)灭掉了周成王之弟所建立的韩国,封其小叔叔姬万于韩,称为韩武子,武子的曾孙韩厥以封邑为氏,称韩氏。韩厥7世孙建立韩国,公元前230年被秦所灭后,其宗室子孙遂以国为氏,称为韩姓,并大都聚居于颍川郡。

②出自少数民族的复姓改为韩姓。据史书载,后魏时鲜卑族有二字姓大汗氏,孝文帝改革时,以"汗"与"韩"音相近,改单姓韩,称为韩氏。

·**郡望堂号**·

郡望

颍川郡:秦始皇时置郡,治所在阳翟(今河南禹州市)。

南阳郡：战国秦昭王三十五年置郡，治所在今河南南阳市。

堂号

昌黎堂：因韩愈是河北昌黎人而得名。

·宗族特征·

韩姓家族名人辈出，众多贤才名士交相辉映，光照史册。韩姓家族传承有序，播迁明晰，字行辈分分明。如江苏春晖韩姓一支的字行为："学以全为范，衷其慎是举，作求躬昉迪，遵集受敷宜。"

·历史名人·

韩非：战国末期韩国人（今河南省新郑），韩王室诸公子之一，战国末期重要思想家，法家创始人。

韩愈

韩信：西汉初期著名军事家，辅佐刘邦平定天下，官至大将军，封为楚王，后贬为淮阴侯。著有《兵法》三篇。

韩愈：唐朝文学家，"唐宋八大家"之首，当时古文运动的倡导者，被后人称为"百代文宗"。

· 繁衍变迁 ·

韩姓发源于山西和陕西一带。战国时期的韩国建立后，曾三迁都城：平阳（今山西省临汾）、阳翟（今河南省禹州）、新郑（今河南省新郑），从

韩信

而使韩姓得以迅速繁衍，也使得韩姓在河南打下坚实基础。秦灭韩，"尽其地为颍川郡"，"颍川"便成为韩氏的发展繁衍中心。秦汉时，韩氏播迁于江苏、浙江、四川、山东、甘肃、河北、北京等地。其中，韩襄王子孙韩王信于西汉初逃到匈奴，其子颓当、孙婴于汉文帝时归汉；西汉末年，颓当的玄孙韩骞，避王莽之乱，徙居南阳堵县。唐宪宗时，河南河阳（今河南省孟州）人韩愈被贬为潮州刺史，是为韩氏入广东最早者。唐朝末年，河南固始韩氏随王潮、王审之入福建。清康熙年间，有韩姓渡海赴台或移居新加坡等东南亚国家及欧美。

二十八 冯

· 姓氏来源 ·

冯姓是当今中国姓氏排行第二十八位的大姓,在我国分布广泛,主要分布于广东、河南、河北、江苏、山东和云南等地。冯姓源出主要有二:

①出自姬姓,为周文王姬昌之后。据史料载,周文王第15子毕公高后裔毕万,西周时在晋为大夫。当时晋献公陆续攻灭了许多小国,毕万的一支孙系被封于冯城(今河南省郑州荥阳市西),其后代以邑为姓氏,称冯姓。

②出自妫姓,为春秋时郑国大夫冯简子之后。据史料载,冯简子因封邑在冯而得姓。后冯邑被晋国所夺,成为大夫魏长卿的封邑,长卿的后裔也称冯氏。此是河南冯氏的又一支。

另外,还有出自其他方面的冯姓,如:出颍川郡者,为汉征西大将军冯异之后;出长乐者,为汉代宜都侯冯参之后;出弘农者,为南北朝时西魏宁州刺史冯宁之后;出河间者,为唐监察御史冯师之后。

· 郡望堂号 ·

郡望

颍川郡:秦王政十七年置郡。以颍水得名,治所在阳翟(今河南省禹州)。辖区包括今河南省登封、宝封以东,尉氏以西,密县以南,叶县、武县以北的地区。

长乐郡:有二处,一是后魏及隋代所置长乐郡,治所在今河北省冀县一带,一是唐代所置长乐郡,治今福建省闽侯县。

弘农郡:西汉武帝元鼎四年(113年)时置郡。治所在弘农(今河南省灵宝北)。郡治相当于现在河南省内乡以西、陕西省柞永以东及华山以南地区。

河间郡：汉高帝时置郡。治所在乐城（今河北省献县东南）。平帝时相当于今河北献县、交河、武强等一部分地区。其后或为国，或为郡。

杜陵郡：梁置。治所在今陕西省西安市东南。此支冯氏的开基始祖为冯唐之弟冯骞。

堂号

同舆堂：冯诞和后魏高祖同岁，幼年同学，常和高祖同舆而行，因而有此堂号。

· 宗族特征 ·

冯姓族人迁移较早，先秦时就已开始迁移。在迁徙过程中，冯姓家族不断发展壮大，形成了诸多郡望。冯姓各支字行辈分排列有序，据民国手抄本《冯氏家乘》记载，大同（今属山西）冯氏一支的字行辈分为："盛时天恕仕，绪云恩毕振。"

· 历史名人 ·

冯谖：战国时期齐国人，孟尝君门下食客，曾以"食无鱼、出无车、无以为家"之故弹铗而歌，要求提高待遇，孟尝君闻而特加礼遇。后冯谖为孟尝君收债于薛城，召债主焚其债券，使薛民皆感孟尝君之德。

冯道：五代时历任四朝宰相。他在后唐任宰相期间倡议国子监校定《九经》文字，并组织刻工雕印，后世称此本为

冯谖弹铗客孟尝

"五代监本"。官府大规模刻书自此始。

冯梦龙：明末文学家，通经学，善诗文，辑有话本集《喻世名言》、《警世通言》、《醒世恒言》，合称"三言"。

冯子材：清末著名的老将军，曾取得镇南关大捷，大败法国军，其名威震边关。

冯玉祥：近代爱国将领，曾任抗日同盟军总司令。

· 繁衍变迁 ·

冯姓发祥于今河南荥阳。春秋战国时，韩国上党守冯亭，在秦国兵临上党之际，毅然与赵国联合抗秦，不幸战死。其后人分散于今山西潞城东北和河北境内，且多为各国将相，家族也逐渐兴旺。至三国以前，冯姓族人已分布于今山西潞县，山东淄博，陕西西安，四川射洪、中江、渠县和湖北公安等地，人口众多。另有广布于河南内黄、宝丰、焦作、南阳、安阳及唐河、湖阳等地者，湖阳冯氏更是当时著名的大族。三国两晋南北朝时，冯姓族人大举南迁，进入今江苏、安徽、江西、浙江等地，还形成了一些名门望族。唐宋时期，冯姓家族的发展步入巅峰，族人继续大规模南迁，散居于江南广大地区。元、明、清时，冯姓人进入今广东、福建、台湾等地，有的还远播海外。

二十九 邓

· 姓氏来源 ·

邓姓人口遍布全国，尤以四川、广东两省为多，邓源出有四：

①出自姒姓（夏的始祖大禹为姒姓）。相传夏朝时帝仲康有子孙封在邓国（今河南邓州一带），邓君的后世子孙就以国

为氏,称邓氏。

②出自子姓(商族的始祖契为子姓)或曼姓。商王武丁封他的叔父(曼季)于邓国曼城,是为曼侯,称曼氏,曼氏后来又改封邓国(此邓国在今河南省孟县的西南),经西周、春秋延续了600多年。西周时,邓国是周朝南方较重要的一个异姓侯国,但因与楚为敌,于公元前678年被楚国灭掉。邓侯子孙为纪念故国,便纷纷改姓邓,史称邓姓正宗。

③出自李氏。五代十国时期的南唐后主李煜的第8子李从镒,受封为邓王。公元975年南唐为北宋所灭后,宋太宗下令缉拿南唐宗室,李从镒之子天和出逃,以父亲封地为氏,其后世子孙遂称邓氏。

④少数民族改姓而来。如两晋时有羌人姓邓,清广西庆远府土司邓氏始于明朝,瑶族勒当氏汉姓为邓,还有满、壮、蒙古、哈尼、苗、土家等民族均有此姓。

· 郡望堂号 ·

郡望

南阳郡:战国秦时置郡,治所在宛县(今河南省南阳市)。此支邓氏以居新野而著称,其开基始祖为邓况。

安定郡:西汉时置郡,治所在今高平(今宁夏固原)。此支邓氏,其开基始祖为汉末武威太守邓晋生。

高密国:西汉置郡,治所在高密(今山东省高密南)。此支邓氏,其开基始祖为东汉太傅、高密侯邓禹。

平阳郡:三国魏置郡,治所在平阳(今山西省临汾西南)。此支邓氏,其开基始祖为西晋邓攸。

长沙郡:战国秦置郡,治所在临湘(今湖南省长沙市)。此支邓氏,其开基始祖为东晋荆州刺史邓粲。

陈郡:秦时置郡,治所在陈县。此支邓氏,为晋代广州刺史邓岳之族所在。

洛阳：秦始置县。此支邓氏，为东汉大将军邓骘之后。

堂号

谦恕堂、平寿堂：东汉时，郎中邓训为人谦虚宽仁，能礼遇下属，恕人之过，士大夫都归附他，因而有"谦恕堂"的堂号。邓训以恩惠和信义对待羌人，所以少数民族很感激他，都来通好，朝廷因此封他为平寿侯。故有"平寿堂"的堂号。

· 宗族特征 ·

邓姓家族历史地位显赫，名家辈出，族人中卓有成就者不可胜数。邓姓家族枝繁叶茂，郡望众多，在众多郡望之中，又以南阳郡望为尊，甚至有"天下邓姓出南阳"之论。邓姓人的字行辈分排列有序。据民国残本《邓氏族谱》记载，泰兴（今属江苏）邓姓一支的字行为："云岳承德，树耀培宏。"

· 历史名人 ·

邓禹：南阳（今河南新野）人，东汉名将，跟从光武帝刘秀破王匡、刘均等军，名震关西。天下平定后，受封高密侯，名列"云台二十八将"之首，为邓氏家族的第四十七世祖。

邓艾：义阳棘阳（今河南省新野）人，三国时曹魏

邓艾

名将。

邓牧：钱塘（今浙江杭州）人，元代思想家。自称"三教外人"，表示不列入儒、释、道三教正宗。著有《伯牙琴》《洞霄图志》等。

邓颖超：祖籍河南省光山，生于广西南宁，无产阶级革命家、政治家，著名的社会活动家，中国妇女运动的先驱。

邓小平：四川省广安人，中国共产党第一、第二代领导集团主要成员，中国改革开放的总设计师，为社会主义革命和社会主义建设事业作出了杰出贡献。

· 繁衍变迁 ·

邓姓发祥于今河南邓州，后向今湖北、湖南一带迁徙。汉至两晋时，邓姓人以今河南为中心，或东迁今山东高密，再北上今山西临汾；或南迁今四川、广东等地。西晋末年，又有邓姓人在北方于今山东、山西、陕西、甘肃等地落籍，在南方则已迁居今江苏、湖南、四川、安徽等地。唐宋时，有邓姓人迁居今福建、广东及江西宜春。明时，有今江西境内的邓姓人徙居今湖北、四川和广西壮族自治区全州县等地。到清代时，邓姓人已遍布全国。

三十 曹

· 姓氏来源 ·

曹姓是当今中国排行第三十二位的大姓，人口众多，以黄淮流域分布最为集中，尤以四川、河北、河南、湖北等省人口为多。综合各种史料，曹氏的源流主要有四：

①姬姓的后代。公元前11世纪，周文王之子、周武王之弟叔振铎被封于曹地（今河南省灵宝市东曹城），立曹国，其子民

以曹为姓。商代曹人东迁，最后定居于陶丘（今山东定陶县）。

②亦出自姬姓，为黄帝之孙颛顼帝后裔曹安之后。据载，颛顼帝之后裔曹安被封于曹（今山东省定陶县西南），其后子孙被改封于邾国（今山东省曲阜东南），邾国被楚所灭后，邾人有以原国名为姓，称为曹氏。故此支曹氏的姓源往往同朱氏联系起来。

③古代曹国人来中国后以曹为姓。古代的曹国，大约在今乌兹别克共和国撒马尔罕的北方和东北方一带，7世纪中期归附唐朝。当时，有曹国人来中原，有的以曹为姓，传之后世。

④少数民族改姓。女真族粤屯氏，满族索佳氏、索绰络氏、鄂托氏、拉祜族劳朝氏，普米族本牙海氏均有改曹姓者。

· 郡望堂号 ·

郡望

曹姓在长期发展中，形成许多郡望，以下几个最为著名：

谯郡：东汉末年从沛郡分出置郡。治所在亳州（今安徽省亳县）。辖区包括今安徽、河南两省的灵璧、蒙城、太和、鹿邑、永城之间的地方。

彭城郡：西汉时置，东汉时改为彭城国。治所在彭城（今江苏省徐州市）。辖区包括今山东省微山县，江苏省徐州沛县

曹参

东南部。

高平郡：晋时置，治所在今山东省金乡。治辖包括今天的山东独山湖、金乡、巨野、邹县之间的地方。

巨野县：西汉置县，治所在今山东省巨野。

堂号

清靖堂：又称无为堂，西汉宰相曹参沿用其前任萧何的办法治理国家，使百姓得以休养生息。百姓因此歌颂他说："载以清靖，民以宁一。"故而有此堂号。

· 宗族特征 ·

曹姓名人辈出，从王侯将相到文人墨客，不一而足。尤其是三国曹操和清代曹雪芹，更是在曹姓的发展史上留下了浓重的一笔。曹姓人的字行辈分除排列井然有序外，还体现着忠贞报国、勤俭治学的家规家训。如曹振甲所修《曹氏族谱》中就有扬州（今属江苏）曹姓一支的字行为："景国良栋，守世乙启，子木宏允，振汝定纪。"

· 历史名人 ·

曹刿：春秋时期鲁国名将。鲁庄公时主持长勺之战，以少量兵力战胜齐军。

曹操：安徽亳州人，三国时的著名政治家、军事家、诗人。曹操本姓夏侯。其父夏侯嵩是得宠宦官曹腾的养子，改姓曹。

曹丕：即魏文帝，曹操之子，三国时魏国的建立者。他还被尊为当时文坛领袖，代表

曹丕

作为《燕歌行》《典论·论文》。

曹植：三国人，曹操之子，曹丕之弟，以诗文著称于世，他的《七步诗》时至今日仍广为流传。

曹雪芹：生于南京，清代著名文学家，他的名著《红楼梦》为中华民族留下了一部宝贵的遗产。

· 繁衍变迁 ·

曹姓发源于今山东，山东曹姓人是后世曹姓人繁衍播迁的主要源头。秦汉时期，今山东、安徽、河南、江苏北部成为曹姓人的主要聚居点，今陕西、湖北、甘肃、浙江也有曹姓人散居。魏晋南北朝之际，曹姓人开始南迁，而北方曹魏政权的建立，使得曹姓人在北方也得到了较好的发展，这是后世曹姓人在黄淮流域分布最为集中的直接原因。隋唐时期，曹姓人在数量上又有大的发展，今福建省、广西壮族自治区等地始有曹姓人入居。宋元至明清时期，曹姓人已广布我国各地。清雍正年间，有今福建境内的曹姓人入居台湾，进而迁徙海外。如今，曹姓人黄淮流域分布最为集中，尤以四川、河北、河南、湖北等省人口为多。

三十一 彭

· 姓氏来源 ·

彭姓分布广泛，尤以湖南、四川、湖北等省分布最多，其源出有三：

①出自篯姓，为颛顼帝玄孙陆终第三子篯铿之后，以国名为氏。据《通志·氏族略》和《姓氏寻源》所载，颛顼帝有玄孙陆终，陆终第三子姓篯名铿，受封于彭地（今江苏省徐

州),建立大彭国,称为彭祖,其子孙以国为姓,称为彭氏。

②为帝喾时的火官祝融之后。据《国语》载:"祝融之后,八姓,己、董、彭、秃、妘、斟、曹、芈,周灭之。"意即彭姓为祝融之后八姓之一。

③汉后他族改姓。据考证,清时满、蒙、回、苗、白、瑶、土家、彝、拉祜等民族有彭姓,皆由他姓改姓。

· 郡望堂号 ·

郡望

陇西郡:秦置,治所在狄道(今甘肃省临洮南)。曹魏时移治襄武(今甘肃省陇西南)。隋唐为渭州陇西郡。

淮阳郡:汉置,治所在今河南省淮阳县。

宜春县:西汉初年置县,隋唐时设州,治所在宜春(今江西省西部,邻接湖南省)。

堂号

可祖堂、长寿堂:古人认为彭铿"其道可祖",尊称其为"彭祖",因而有"可祖"的堂号;传说彭铿活了800岁,故而又有了"长寿"的称号。

· 宗族特征 ·

彭姓家族多文人骚客,广智勇之将;彭姓族谱经多次修订,字行辈分繁杂有序。据1919年彭有康总修的《彭氏七修族谱》载,衡山(今湖南衡阳市境内)彭姓保公房的辈分字行为:"祖宗培基厚,兰树在庭芳,立德通经学,诗书绪以长。"本房辈分字行为:"光承选缔泽,代有仕名扬,忠孝维国政,相传继永昌。"

· 历史名人·

彭祖:尧的臣子籛铿。陆终氏第三子,帝颛顼之后裔,历虞夏至商,相传活了七八百岁。因封于彭城,故称为彭祖。后世用以喻长寿之人。

彭蒙:战国时齐国的隐士,思想与庄子的"齐是非说"相近。

彭越:西汉初昌邑(今山东省金乡西北)人,汉初诸侯王,与当时的韩信、英布并称为"三王"。

彭龟年:字子寿,号止堂,宋代文学家。崇尚儒家的仁政。有《止堂集》传世。

彭德怀:湖南省湘潭人,无产阶级革命家、政治家、军事家,,中国人民志愿军司令员,中华人民共和国国防部长,十大元帅之一。

· 繁衍变迁·

彭姓发源于今江苏徐州境内。商末,大彭国灭亡,其子孙有迁至今河南、湖北一带者。秦末有彭姓人远迁陇西(今属甘肃)。汉时有长平(今河南西华)侯彭宣,举家迁居今河南淮阳。魏晋时,彭姓人大举南迁,今山东、陕西、甘肃、江西、四川、福建等省均有彭姓人繁衍。北朝北齐时,有彭姓人徙居今河北河间、甘肃泾川北。唐玄宗时,彭姓人盛于今江西省境内,并有自今江西辗转迁徙于今福建、湖南西部者。宋神宗时,彭延年被任命为潮州(今广东潮州、揭阳一带)刺史,定居于今广东揭阳之浦口村,成为广东彭姓人始祖。自清代开始,今福建、广东境内的彭姓人有部分移居台湾,乃至东南亚及欧美。

三十二 曾

· 姓氏来源 ·

我国曾姓人口众多,尤以四川、湖南、广东、江西等省多此姓,上述四省曾姓人口约占全国汉族曾姓人口的66%。

曾姓来源比较纯正,据史料载,主要出自姒姓,为禹的后裔。相传帝舜时,鲧的妻子梦食薏苡,次日生禹,因此舜便赐禹姒姓。史载,禹的第5世孙少康中兴夏室后,曾把自己最小的儿子曲烈封于鄫地(今山东省苍山县西北)。曲烈立鄫国。该国历经夏、商、周三代,大约相袭近两千年,直到春秋时被莒国所灭。之后,鄫国太子巫流亡到邻近的鲁国,并在鲁国做了官。巫的后代怀念故国,用"鄫"为氏,后去邑(阝)旁,表示离开故城,称曾氏,此后世代相承,一直流传到今天。曾氏家族长久以来很少有被外族或外姓冒姓的记录,现在中国的曾姓人,基本是一脉相承。曾姓四千年前是一家,乃名副其实。

· 郡望堂号 ·

郡望

鲁郡:西汉置鲁国,治所在鲁县(今山东曲阜)。辖区包括今山东曲阜、滕县、泗水等县地。晋改为鲁郡。

天水郡:西汉置郡,治所在平襄(今甘肃通渭县西北)。相当于今甘肃通渭、秦安、定西、清水、庄浪、甘谷、张家川等县及天水市西北部、陇西东部、榆中东北部地。

庐陵郡：东汉时置郡，治所在石阳（今江西吉水东北），三国吴移治高昌（今江西泰和西北）。辖区包括今江西永新、峡江、乐安、石城以南地区。

鲁阳县：汉置县，治所在今河南鲁山县。

堂号

三省堂：得名于"吾日三省吾身"的典故。孔子弟子曾参（曾子）非常注意修身，每天从三方面检查自己，即为人做事有没有尽到心，和朋友交往有没有守信，老师教的东西有没有复习好。因而有此堂号。

· 宗族特征 ·

曾姓族人很早就遍布于全国各地，他们以仁孝礼义而著称于世，字行辈分排列工整、严密，有明显的时代特色与宗族特色。因曾姓著名人物曾参为孔子门人，世称宗圣，其后子孙亦为圣裔，故曾氏家族的字行辈分亦参照孔氏族人"命字行辈"，即"希言公彦承，宏闻贞尚衍，兴毓传继广，昭宪庆繁祥，令德维垂佑，钦绍念显扬，建道敦安定，懋修肇益常，裕文焕景瑞，永锡世绪昌"。

· 历史名人 ·

曾皙：亦称曾点，春秋时期鲁国武城人（今山东省费县）。孔子七十二贤弟子之一。

曾皙

曾子：即曾参，曾皙之子，春秋末期鲁国武城人，是孔子的弟子，以孝著称。相传《大学》是他所著，被后世儒家尊为"宗圣"。

曾巩：南丰（今属江西省）人，北宋文学家，"唐宋八大家"之一，世称南丰先生，留有《元丰类稿》。

曾鲸：莆田（今属福建）人，明代杰出的画家，擅画人像，号称"如镜取影，妙得神情"。其画法曾风行一时，弟子众多且出众，被时人称为"波臣派"。

曾国藩：湖南湘乡人，清末洋务派和湘军首领，曾任内阁学士、两江总督等职，留有《曾文正公全集》。

·繁衍变迁·

曾姓发源于今山东苍山县西北一带，族人先秦时期已遍布今山东、河北等地。至汉末以前，曾姓人已进入今河北、湖南、陕西、江西、广东等省。魏晋南北朝时，北方战乱频仍，曾姓人大量迁居今江苏、浙江、四川、江西、湖北等地，从而在唐朝之前就遍布全国，逐渐成为名姓之一。唐末，曾姓人有入迁今福建者。此后至宋末，曾姓人又几度迁移。元、明、清时，曾姓人分布更广，并有远播台湾与海外者。

三十三 萧

·姓氏来源·

春秋时，宋国勇将南宫长万攻打鲁国被俘，几个月后放回宋国。公元前682年秋，与宋闵公于后宫博戏。闵公无意嘲笑了长万曾当俘虏，长万顿时恼羞成怒，打死了宋闵公，又杀了几个大臣，立公子游为国君。宋国公子纷纷逃往萧邑（今安徽萧县）。萧邑大夫大心组织军队，

公子游

杀逐南宫长万及其同党，平息了内乱。宋闵公的弟弟桓公即位后，把大心封在萧地，称为萧叔，其后人就是萧氏。

建国后《第一批异体字整理表》和《汉字简化方案》颁布后，很多人认为"萧"是"肖"的异体字，或认为"肖"是由"萧"简化而来。于是不少"萧"姓者为书写简便，把"萧"写做"肖"；一些部门的工作人员在为"萧"姓者办理证件、手续，登记姓名时，也常将"萧"写作"肖"。

其实，历史上，"萧"、"肖"并非一姓。二姓都是很古老的姓，春秋时就已并行。但姓萧者远远多于姓肖者。萧姓两千多年来一直在使用，而肖姓在汉代后就极少了，这从各时代的姓谱中可以得到证明。可以说，如今国内姓"肖"者99%以上都是原来"萧"姓者所改。因此，目前海内外萧姓者都一致呼吁所有"肖"姓家人都尽可能改回祖宗留下的"萧"姓。

·郡望堂号·

郡望

兰陵郡：历史上有"北兰陵"和"南兰陵"之分。"北兰陵"在今山东省枣庄市一带，西晋置郡，西汉丞相萧何的后代多聚居于此。隋时废此郡。"南兰陵"在今江苏省武进县一带，东晋置郡，是东晋时萧姓南迁后主要聚居地。

河南郡：治今河南省洛阳市东北。

堂号

定汉堂：萧何是西汉的开国功臣，汉朝一切律例典制均由他制定。因而有此堂号。

·宗族特征·

萧姓族人在历史上地位比较显赫，曾出皇帝11人，皇亲众多。萧姓人注重文化修养，文人墨客能诗善画者甚众，如唐宋时萧姓家族的10位宰相，均为大作家。

· 历史名人 ·

萧何:沛县(今属江苏省)人,汉初名臣,为楚汉战争取得胜利做出了重大贡献,后因功被封为酂侯。

萧衍:南朝南兰陵(今江苏省武进县)人,南朝齐时著名大将,后因朝廷腐败内乱,代齐称帝,建立梁朝,史称梁武帝。

萧朝贵:广西壮族自治区武宣东乡人,太平天国重要领导人之一,被封为西王,后在与清军作战中阵亡。

· 繁衍变迁 ·

萧姓发源于安徽。三国魏晋时,萧姓族人播迁于今南方诸省。南北朝时,萧姓人建立了齐、梁两朝,显贵于天下。宋时契丹萧氏的加入,使得萧姓成为一个更为显赫庞大的家族。在此期间萧姓人也有迁入今福建、广东者。至此,萧姓人已广布于今山东、河南、河北、安徽、北京、福建、广东等地。元明清时期,萧姓人徙居于今四川、湖南、江西、湖北等省。自清康熙末年起,萧姓族人多次入迁台湾,有的甚至远播海外。

契丹萧太后

三十四 田

· 姓氏来源 ·

田姓在全国分布广泛,以河南、四川、山东、山西、河北等省为多,其源出有三:

①出自妫姓,舜帝之后,为陈氏所改。相传帝舜当天子之前,帝尧把两个女儿嫁给了他,让他们在妫汭河边居住,他们的子祖孙有留在妫汭河一带的,就是妫姓。周武王灭商后,建立了周朝,便追封前代圣王的后人,找到了帝舜的后裔妫满(为帝舜之子商均的第三十二代孙)。武王封妫满为陈侯,妫满立陈国,其子孙便以陈为姓。春秋时,妫满的第十代孙陈完被齐桓公封于田地(在今天山东省内),陈完便采地为氏,改称田氏,后世代相承。

②出自黄姓。据《明史》载,明初有辅佐惠帝之黄子澄,因上削藩之策而激怒诸侯,被杀。其子黄子经为避祸改为田终,迁居今湖北省咸宁一带,后世子孙也以田为姓。

③出自少数民族。如金时女真人阿不哈氏,有改汉姓田者;清时贵州思南府土司姓田,为白族;西夏人有姓田者;如今满、苗、彝、土家、蒙、藏、朝鲜族等均有此姓。

· 郡望堂号 ·

郡望

北平郡:西汉置郡,治所在今河北省满城北。

雁门郡:战国时置郡,秦汉时治所在善元(今山西省右玉南),三国魏移治广武(今山西省代县西)。此支田氏,其开基始祖为唐太尉田承嗣。

京兆郡:汉置,治所在长安(今陕西省西安市)。此支田氏,为西汉大臣田蚡之后。

河南郡:汉置,治所在雒阳(今河南省洛阳市东北)。此支田氏,其开基始祖为北宋右谏大夫田瑜。

太原郡:治所在晋阳(今山西省太原市西南),此支田氏多源出匈奴。

堂号

贫骄堂:战国时田子方做魏文侯的老师,一次子方在路上遇到太子,太子急忙下车拜见,子方不还礼。太子问:"富贵的人和贫贱的人,谁可以骄傲呢?"子方答道:"只有贫贱的才能骄傲!诸侯骄傲,就要失其国;大夫骄傲就要失其家;贫贱的人如果自己的行为不合当官的心,说话当官的也不听,便会弃国而去,像丢掉破鞋子一样毫不吝惜。富贵的人怎么能和他们一样呢?"因而有此堂号。

·宗族特征·

田姓名人众多:在二十四史中,单独列传的田姓名人就有127人;《古今图书集成·氏族典》收有先秦至明朝的田姓名人272人;《中国名人大辞典》收录了先秦至清朝的田姓名人184人。田姓人的字行辈分排列有序,如湖南湘潭田姓一支的字行为:"光裕成宗德,诗书启俊贤,文章华上国,科甲世常传。"

·历史名人·

田单:临淄(今属山东淄博)人,战国名将。燕国名将乐毅伐齐,齐国岌岌可危,只存二城。田单先用反间计使燕国撤换掉名将乐毅,复用火牛阵大败燕军而复国。

田文:山东省滕县人,战国时齐国名臣,他轻财下士,门客三千,号孟尝君,为战国四大公子之一。

田横:狄县(今山东高青东南)人,战国末齐王田荣之弟,秦末从兄起兵,重建齐国。汉建立,率徒五百人逃亡海岛,因不愿称臣于汉,全部自杀,此岛后称"田横岛"。

田汉：湖南省长沙人，中国现代剧作家、诗人，代表作有戏剧《获虎之夜》《名优之死》等。

· 繁衍变迁 ·

田姓发源于临淄（今山东淄博），先秦时已分布于今山西、河南、北京、湖北等地。汉初，有田姓人迁至今陕西咸阳、河北满城等地。汉代起，今四川、湖北、湖南、贵州交界一带已有不少田姓人定居。三国两晋南北朝时，田姓人已分布于长江中下游地区，亦有迁今山西太原、宁夏回族自治区固原市、天津等地者。宋代以前，田姓人主要在中国的北部和中部播迁，并开始有迁今福建、广东者。清中叶起，今福建、广东的田姓人有渡海赴台或移居海外者。

田横

三十五 董

· 姓氏来源 ·

目前，董姓遍布全国，以河北、山东、山西、云南、辽宁、浙江等省最为集中。董姓源出主要有二：

①出自己姓。相传颛顼的己姓（颛顼之孙叫吴回，吴回之子陆终，陆终的大儿子名樊，赐己姓，封在昆吾国）之后董父，精于饲龙，很得帝舜的赏识，故赐董父以董为姓，其后代

亦赐姓董。

②出自姬姓,以官为氏。春秋时,周朝有大夫辛有,辛有有两个儿子在晋国任太史,董督(考察并收藏之意)晋国的典籍史册,他的子孙世袭晋国史官,以官为氏,称董氏。

此外,也有他族他姓改姓董的,如满、蒙、朝鲜等少数民族中如今姓董者,大多是改姓而来。

· 郡望堂号 ·

郡望

陇西郡:战国秦昭襄王置郡,治所在狄道(今甘肃省临洮南)。三国时魏移治襄武(今甘肃省陇西南)。

济阴郡:汉景帝置国,后改为郡,治所在定陶(今山东省定陶县西北)。相当于今山东省菏泽附近,南至定陶,北至濮城地区。

堂号

良史堂:春秋时,晋国的史官董狐,编写史书求实存真,不畏权势。孔子称其为"良史",因而有此堂号。

汉景帝刘启

· 宗族特征 ·

董姓是一个多出武夫将帅和画家的姓氏，族中忠臣良将辈出，在历史舞台上争相竞妍，各展风姿。董姓人的字行辈分层次分明，特征显著，如董贻玖所修的《董氏族谱》中载有湖南一支董姓人的字行为："名初怡世业，继序振家声，祖泽由来远，诗书裕后昆。"

· 历史名人 ·

董仲舒：西汉儒学家。提出"罢黜百家，独尊儒术"的建议，为汉武帝采纳，开此后两千余年封建社会以儒学为正统的先声。

董源：五代南唐画家。用披麻皴法画山水，平淡天真，后有巨然承其风格，世人并称为"董巨"。其风格为五代、北宋间南方山水画主要流派所宗，对后世影响很大。

董其昌：松江华亭（今上海市松江）人，明代书画家、书画理论家、鉴赏家。官至南京礼部尚书，传世画作有《烟江叠嶂图》《潇湘白云图》等，著有《画禅室随笔》《画旨》等。

董仲舒

董存瑞：河北怀来人，中国人民解放军战斗英雄。1948年在解放今河北隆化战斗中舍身炸碉堡壮烈牺牲。

·繁衍变迁·

董姓发源于今山东定陶北部、山西西南部。秦汉时，董姓人在今山西、甘肃、河北、河南较为集中，在今陕西、山东、广东、四川、浙江、湖北、福建、河南等地也有散居。魏晋南北朝时，今安徽、江西、江苏、湖北等地区均有董姓人迁徙而来者。隋唐是董姓家族发展史上的一个高潮期，今福建、广东也渐有董姓人迁入。明清之际，台湾和东南亚、欧美一些地区和国家均有董姓人。

三十六 袁

·姓氏来源·

目前，袁姓人在全国分布广泛，尤以四川、河北、江苏、河南、江西、浙江等省多此姓。袁姓源出有二：

①出自妫姓，为帝舜之裔。据史载，周时陈国始君妫满（帝舜之裔）之11世孙诸，字伯爱。陈诸之孙涛涂，从齐桓公盟会，赐邑阳夏（故城在今河南省太康）。涛涂以祖父字为姓（古时爱、袁、辕相通），称为袁氏。

②出自少数民族。如满、蒙、回、土家、彝、瑶、白、朝鲜族等均有此姓。

·郡望堂号·

郡望

陈郡：秦置陈郡，治所在陈县（今河南省淮阳）。西汉淮阳

汉献帝刘协

国,东汉陈国,献帝时改陈郡,均治陈县(今淮阳)。隋唐为陈州淮阳郡。此支袁氏为袁涛涂裔孙直系。

汝南郡:汉时置郡,治所在上蔡(今属河南省上蔡西北)。此支袁氏为陈郡袁氏分支,其开基始祖为东汉明帝时名臣袁安。

襄阳郡:东汉置,治所在襄阳(在今湖北省襄樊)。此支袁氏出自汝南郡,开基祖为三国袁术。

彭城郡:指今江苏徐州。传尧封彭祖于此,为大彭氏国。秦置彭城县。西汉后期一度以楚国为彭城郡,治所在彭城(今江苏省徐州)。此支袁氏亦出自陈郡。

堂号

守正堂:东汉楚郡太守袁安,为人严谨。后来外戚窦氏擅权,袁安守正不屈,因而得此堂号。

· 宗族特征 ·

袁姓家族在汉晋南北朝时期,代有才人出,风光贵显千余年,为世人所敬仰。袁姓家族字行辈分严谨有序,如江苏丹徒袁姓人一支的字行辈分排语为:"恭宽信敏惠,仁义乃贤师,忠孝承家学,道德培福基。"

· 历史名人 ·

袁绍:汝南汝阳(今河南省高水西北)人,东汉末年最大的割据势力之一。

袁宗道、袁宏道、袁中道:为三兄弟,湖北省公安人,明朝学者,提倡"性灵"说,公安派的代表人物。

袁崇焕:字元素,号自如,明代广东省东莞人。明朝杰出的军事家,政治家和文学家。

袁枚:钱塘(今浙江省杭州)人,清朝文学家。其诗文自成一格,著有《小仓山房集》《随园诗话》等书,为清代"江右三大家"之一。

袁世凯：河南项城人，北洋军阀头领，中国近代史后期最重要的历史人物之一，其一生堪称这一历史时期的缩影。

袁隆平：1930年生于北京，农业科学家，杂交水稻育种专家，有"杂交水稻之父"之称。

· 繁衍变迁 ·

袁氏发源于今河南，早期的发展中心为陈郡（今河南东部、南部及安徽一带）、汝南（今属河南省）。秦汉以后袁姓人向外播迁，陆续徙居彭城（今江苏省徐州）、河东（治所在今山西省永济西南）、东陵东光（今属河北省）等地；并分散于江、淮间；且有徙居京兆（今陕西省西安）、华阴（今属陕西省）者。南宋以前，袁氏人已有徙居今福建者。其后，有袁志君赴今广东任布政使，成为袁姓人在今广东的开基始祖。清代，今福建、广东的袁姓人陆续有移居中国台湾地区，徙居新加坡、印尼者。

三十七 潘

· 姓氏来源 ·

潘姓是当今中国姓氏排行第三十七位的大姓，人口较多，分布广泛，尤以广东、江苏、安徽、内蒙古、河南、四川、湖北、浙江等省区多此姓。潘姓来源有三：

①出自姬姓，为周文王子毕公高后。毕公高封其子季孙于潘，附庸于毕国。据说其地在今陕西省北部，子孙以邑命氏。

②为春秋时楚国公族潘崇之后。据史载，潘崇助楚穆王继位有功，受封为太师，其后代子孙以祖名为姓，称为潘氏。

③出自他族改姓或赐姓。如北魏孝文帝汉化改革时，改鲜

卑破多罗氏为单姓潘。清康熙末年，台湾岸里大社（今台湾地区台中市神岗）酋长阿穆归顺清廷，被赐姓为潘；光绪时，台湾高山族相率归化清廷，也被赐姓潘。

·郡望堂号·

郡望

广宗郡：东汉置，治所在今河北威县东。此支潘氏，其开基始祖为晋代广宗太守潘才。

河南郡：汉高帝治郡，治所在雒阳（今河南省洛阳市）。此支潘氏，多为鲜卑破多罗氏之后。

荥阳郡：三国魏正始三年（242年）始置郡。此支潘氏，为汉献帝时尚书左丞潘勖之族所在。

豫章郡：楚汉之际始置郡，治南昌（今江西省南昌），辖境大致同今江西省。此支潘氏，为春秋时楚国公族潘崇之后。

堂号

黄门堂：西晋潘岳曾任黄门侍郎一职，故得名。

·宗族特征·

汉代以后，潘姓的知名人士不绝于史书，仅收入《中国名人大辞典》者就有200多人，潘安更是成为风姿秀逸俊朗的代名词。潘姓家族字行辈分排列有序，如江苏溧阳潘姓一支的字行为："忠武贲威，峻卿辅乾，程皓策楚。"

·历史名人·

潘岳：即潘安，中牟（今属河南省）人，西晋文学家。以"美姿容"著称，长于诗赋，文辞华靡，有《悼亡诗》传世，辑有《潘黄门集》。

潘天寿：浙江省宁海人，现代画家、美术教育家，擅长写意花鸟和山水画，著有《中国绘画史》《治印谈丛》等。

潘寿德：河南省新县人。出生于一个贫苦农民家庭。受农民土地革命运动的影响，向往革命。1929年4月加入中国共产党。1952年，党和人民政府追认为革命烈士。

· 繁衍变迁 ·

潘姓发源于湖北、陕西等地，早期主要在今湖北省境内发展，春秋战国后，有向山东、山西、湖南迁徙者。汉时，有潘姓北迁至荥阳中牟（今属河南省）。东汉灵帝有潘乾因仕宦而迁江苏溧阳。三国以前，潘姓又有播迁于山东、湖南、浙江等地者。晋时，有潘才因任广宗太守而落籍广宗（今河北省威县），亦有潘姓人播迁至广东。唐初，有河南固始人潘节进入福建。宋时有潘姓迁居广东、云南。元、明、清时，潘姓已分布于全国各地。

三十八 于

· 姓氏来源 ·

于姓是典型的北方姓氏，分布广泛，目前以山东、河南、黑龙江、辽宁、吉林等省此姓尤多。于姓源出有四：

①出自姬姓，为周武王姬发的后代。据史载，周武王克商后，封次子邘叔于邘（故城在今河南省沁阳西北于邘邰镇），邘叔立邘国。后来，邘叔的子孙就以国名为氏，有的姓了邘；有的则去邑旁姓于，是为河南于氏，史称于姓正宗。

②出自复姓淳于氏，为唐代时避讳宪宗李纯所改单姓于氏。据史料载，唐贞观年间淳于氏被定为皇族七姓。至唐宪宗李纯时，为避讳（"纯""淳"同音），复姓淳于氏改为单姓于氏。至宋代，部分于姓恢复淳于姓，也有一部分沿袭未改的，形成此支于氏。

③出自北魏时鲜卑族万忸于氏。这一支于氏是鲜卑族的万忸于氏所改,一向被当作外来的姓氏看待,但在实际上,他们仍然是汉族于姓的后代。汉代时,有一位名为于公的人,随着拓跋氏离开中原,且为了适存于鲜卑族而改姓为万忸于氏。后来,鲜卑族拓跋珪在北方建立北魏,此支才又改复姓为于。

④出自赐姓或少数民族改姓。如明朝时赐元人巴延达哩姓于名忠,清八旗尼玛哈氏改于姓。

· 郡望堂号 ·

郡望

河南郡:汉高祖时置郡,治所在洛阳,辖区包括今河南省黄河以南洛水、伊水下游,双自河、贾鲁河上游地区及黄河以北原阳县。此支于氏,大概为于氏始祖邘叔的直系后裔。

东海郡:秦置郡,治所在郯(今山东郯城北)。辖区包括今山东费县、临沂、江苏赣榆以南,山东枣庄市、江苏邳县以东和江苏宿迁、灌南以北地区。此支于氏,应为北魏鲜卑族复姓万忸于氏改汉字单姓于氏的后裔。

河内郡:楚汉之际置,治所在怀县(今河南武涉西南),辖区包括今河南黄河以北,京汉铁路(包括汲县)以西地区。此支于氏,亦为邘叔的直系后裔。

堂号

忠肃堂:明朝忠臣于谦的谥号为"忠肃",故而有此堂号。

· 宗族特征 ·

于姓是一个比较典型的北方姓氏,族人多志士能臣,字行辈分排列有序,如据清光绪二十六年(1900年)于炳坤所修的《于氏族谱》所

于谦

载,江都(今属江苏)于姓人一支的字行为:"谦恭孝友,仲福正常。"

·历史名人·

于谦:浙江省钱塘(今杭州)人,明朝名臣,有"粉身碎骨浑不怕,要留清白在人间"的千古名句。

于成龙:山西省永宁(今属交口)人,清代廉吏,官至两江总督。其为官清廉,重视学校教育,康熙赞其"天下廉吏第一"。

于右任:陕西省三原人,现代著名书法家、诗人,善草书,留有《右任文存》《右任诗存》。

·繁衍变迁·

于姓发源于河南沁阳西北部一带。秦汉时期,于姓人开始北迁山西、河北,东迁安徽、山东,西迁陕西、甘肃。魏晋南北朝时,于姓人大举南迁于湖北、四川、湖南等地。隋唐时期,于姓相继在北方形成了几处大的望族。北宋末年,有于姓人迁往黑龙江。南宋后期,于姓开始由浙江进入福建,再由福建进入广东。明初,山西于姓作为洪洞大槐树(今属山西洪洞县)迁民姓氏之一,被分迁于山东、河南、河北、陕西、江苏等地。清代,有河南、河北、山东于姓人闯关东谋生并定居东三省。自此,于姓遍布全国。

三十九 蒋

·姓氏来源·

蒋姓源出十分单一,俗称"天下无二蒋"。蒋姓出自姬姓,西周初期,周公姬旦的第三子伯龄,被封在蒋(今河南

周公姬旦

省淮滨县），建立蒋国。后来蒋国为楚国所灭，伯龄的后代子孙就以原国名为姓，称蒋姓。今天绝大多数蒋姓人都是伯龄的后裔。

· 郡望堂号 ·

郡望

东莱郡：东莱郡始建于西汉高祖时，治所在掖县（今山东省莱州市），东汉时移治黄县（今山东省龙口市东）。

乐安郡：东汉置国，治所在临济（今山东省青县高苑镇西北）。相当于现在山东省博兴高青、桓台、广饶、寿光县等地区。三国魏时改置郡，治所移至高苑（今山东省博兴西南）。

堂号

钟山堂：后汉时因剿匪而牺牲的秣陵尉蒋子文的庙宇在钟山上，因此得名。

· 宗族特征 ·

蒋姓源于北而盛于南，是比较典型的南方姓氏。历史上蒋姓人才济济，若星汉灿烂，字行辈分断则有续。据《灰汤蒋氏支谱》载，宁邑（今属湖南宁乡）蒋姓一支的字行为："际忠成源河海兆，永朝世立国泰民，安湘启祖传嗣广，英贤恒守应昌荣。"

· 历史名人 ·

蒋琬：零陵湘乡（今属湖南）人。三国时蜀汉名臣，诸葛亮称其为"社稷之器"，非"百里才"。

蒋士铨：铅山（今属江西）人，清代戏曲作家、文学家。曾任翰林院编修，著作甚丰，诗文负盛名，与袁枚、赵翼并称"江右三大家"。

蒋廷锡：常熟（今属江苏）人，清康熙文华殿大学士，进士出身。工诗善画，尤精花卉，多用逸笔写生，无不超绝。曾奉雍正皇帝命核定《古今图书集成》共一万卷。著有《青桐轩》《秋风》《片云》等集。

蒋 琬：三国时蜀汉著名大将军。诸葛亮称他为"社稷之器"，诸葛亮死后，他曾代诸葛亮执政，任大将军、录尚书事等职。

蒋光鼐：广东省东莞人，国民党高级爱国将领，1933年发动反蒋政变，建国后，任纺织工业部部长。

·繁衍变迁·

蒋姓发源于今河南，蒋国为楚国所灭后，蒋姓人大部外迁。秦汉之际，有蒋姓人西迁入今陕西，东迁入今山东，其中在今山东博兴、寿光的蒋姓人繁衍最盛。蒋姓人南迁较早，始于汉代。东汉建武年间（25~56年），逡道侯蒋横遭谗害，其九子避难四方，光武帝醒悟后，九子皆随地封侯，其子孙多数散居于今江苏、江西、浙江、四川、湖北、湖南等地，并且成为当地的开基始祖。

汉代以后的蒋姓人，大都出自今江苏宜兴，始祖为函亭侯蒋澄，后来中国的蒋姓人家，绝大部分都是从宜兴繁衍而来。唐初，有蒋姓人入今福建，亦有今浙江天台的蒋姓人移居今浙江奉化。五代时，蒋显出任四明（今浙江宁波）监盐官，住在宁波城内的采莲桥，其后代文人蔚起，成为甬（宁波的简称）上望族。宋以后，今福建、广东的蒋姓人已盛。明清之季，有今福建、广东的蒋姓人移居海外。1949年，国民党败居台湾，蒋姓族人大批随往。

四十 蔡

·姓氏来源·

目前，蔡姓在我国分布广泛，尤以广东、浙江、江苏、四川等地多此姓。蔡姓源出主要有三：

管叔

①出自姞姓，为黄帝支裔。相传，黄帝有25子，得姓者14人，为12姓，姬、酉、祁、己、滕、任、荀、葴、僖、姞、儇、依是也。据说，姞氏封于燕（今河北北部），后来又分为阚、严、蔡、光、鲁、雍、断、须密氏。蔡氏即为其一。

②出自姬姓。据史料载，周武王灭商后，大封同姓诸侯于各地，将其弟叔度封于蔡（故址在今河南省上蔡西南），让他与管叔、霍叔一起监管殷的遗民，称为"三监"。武王死后，周成王年纪太小，周公旦（武王的弟弟，又称周公）临朝摄政。管叔、蔡叔（叔度）、霍叔等嫉妒周公，便联合武庚反叛，周公讨伐武庚，事后处死管叔，并将蔡叔放逐。不久，蔡叔死于迁所。其子胡则能认识到父亲的过错，贤德有才。后来，成王改封蔡叔度的儿子胡于蔡，是为蔡仲。蔡仲立蔡国，蔡国传23代，后被楚国攻灭，子孙以国为姓氏，称蔡氏，散居各地。

③少数民族改姓而来。女真族乌林答氏、满族蔡佳氏改汉姓为蔡姓。

· 郡望堂号 ·

郡望

济阳郡：晋惠帝时分陈留郡置郡，治所在今山东省济阳。

汝南郡：治所在今河南省商水县西北。

丹阳郡：治今江苏省镇江市。

高平郡：治今宁夏回族自治区固原。

朔方郡：治今陕西省靖边。

堂号

九峰堂：宋朝蔡仲默，少年时跟朱熹学习理学，才30岁就放弃科举，专攻理学。隐居在九峰，人称"九峰先生"。因而有此堂号。

· 宗族特征 ·

蔡姓在东汉末年已发展成中原大姓，支脉繁多，人口分布广泛，多显赫之家族。蔡姓宗族的楹联与堂号甚多，颇具文采，且蕴含着丰富的文史知识，以启迪后人奋进为主旨。蔡姓族人的字行辈分排列有序，如广东罗定蔡姓一支的字行为："世伯日克，七念万丈，昌能亮性，彦诚国于，卿士善奕。"

· 历史名人 ·

蔡邕：陈留圉（今河南杞县南）人，东汉时著名的文学家、书法家、画家。他博学多才，通经史、音律、天文，善散文词赋，又工隶书，曾创"飞白"书，更是东汉四大画家之一。

蔡伦：桂阳（今湖南省郴州）人，东汉宦官，改进了造纸术，为我国古代最伟大的发明家之一。

蔡文姬：蔡邕之女，东汉时著名女诗人，博学有才辨，通音律。其入胡的故事家喻户晓，作品以《胡笳十八拍》最为著名。

蔡襄：兴化仙游（今福建莆田市仙游县）人，北宋时杰出的书法家，为"宋四家"之一，工书善画，楷、行、草书皆具特色。著作有《茶录》《荔枝谱》等。

蔡元培：浙江省绍兴人，早年参加民主革命运动，积极倡导科教育人，实行先进办学方针，提倡民主，科学，曾先后出任北京大学校长、中央研究院院长、司法部长教育总长等职。

· 繁衍变迁 ·

蔡姓发源于今河南。先秦时期，有蔡姓人迁居今湖北、陕西、河南、山西、山东等地。秦汉时，蔡姓人以今河南、山东为中心，在中原地区发展。魏晋南北朝时，战乱频仍，蔡姓人大举南迁至今江苏、浙江各地。至唐宋时期，蔡姓步入发展的鼎盛期，逐渐成为中原一大姓氏。唐初，蔡姓就已有人迁今福建、广西等地者，并在日后成为今台湾、广东蔡姓人的重要来源。宋时，北方的蔡姓人再次大规模南迁至今江苏、浙江、安徽、福建、广东等地。至明清时，蔡姓人已有远播海外者。

蔡姓南迁

四十一 余

· 姓氏来源 ·

余姓源出主要有三：

①出自姒姓。相传大禹生有三子，小儿子罕出生后不久，禹妻去世。禹妻为绍兴涂（古时涂即为余）山之女，禹于是封小儿子姓余，有纪念妻子之意。此为余氏一支。

②春秋时秦由余之后，以祖名为氏。据史料载，春秋时秦国有个臣子叫由余，他的祖先是晋人，避乱于西戎。由余本来在西戎为官，后奉命出使秦国，见秦穆公贤德大度，就留在秦国为臣。他为穆公谋划征伐西戎，使秦国成为西方霸主。他的后代子孙以其名字为姓，有的姓由，称为由氏；有的姓余，称为余氏。

秦穆公嬴任好

③由他族和他姓改姓而来。如云南镇雄县余姓，相传系铁穆复姓所改，为元太祖成吉思汗时铁穆氏宰相之后。铁穆一家忠良守正，太祖却听信谗言，要捉拿铁穆宰相的五个儿子。五子星夜出城，逃至贵州，见太祖亲领追兵前来，就躲在凤锦桥下。追兵到来时，有人见桥下水波动荡，提出可疑，太祖未加细查，随口说："江中有水，水中有鱼，何必大惊小怪，快快继续向前追赶。"铁穆氏五兄弟逃脱后，原想改铁穆氏为金氏，最后决定改为余氏。"余"比金字少一横，又是"水中有鱼"的"鱼"的谐音，堪称一字双关。除此之外，四川、甘肃一带白马藏族之严茹氏、热则氏、陪茹氏，锡伯族余木尔其氏

中也有改汉余姓的。

·郡望堂号·

郡望

新安郡：晋置，治所在始新（今淳安西）。相当于今浙江省淳安以西，安徽省新安江流域、祁门等地。

下邳郡：东汉置，治所在下邳（今江苏省睢宁西北），辖地北至江苏新沂、邳县，南至安徽嘉山，东至江苏省涟水、淮安和靖江市。

吴兴郡：三国吴置，治所在乌程（今浙江省吴兴南），相当于今浙江省临安、余杭、德清一线西北，兼有江苏省宜兴县地。

堂号

清严堂：宋代余元一，是朱熹最欣赏的门人，最讲仁义礼智信五伦，号"清严"。因而有此堂号。

·宗族特征·

历史上，余姓基本上是一个较典型的南方姓氏。《闽南旧志》载："两宋以上，余姓无显者，自斯而降……其族繁衍，盖已盛矣。"余姓字行辈分排列有序，据1929年余自清修《余氏族谱》载，安徽六合余姓一支的字行为："隆庆康贤，培宽振泰，信寿品宁。"

·历史名人·

余集：钱塘（今浙江杭州）人，清代著名诗画家。乾隆进士，授翰林院编修，善写山水，兼长花卉禽鸟，无不入妙，尤工仕女，有《秋室集》。

余三胜、余叔岩：湖北罗田人，京剧表演艺术家。余三胜对老生唱腔颇多创造，与程长庚、张二奎齐名。其孙余叔岩集百家之长，形成自己的表演风格，世称"余派"。

余靖：曲江（今属广东省）人，官至工部尚书。他以敢直言著称，在宋仁宗天圣年间，与欧阳修、王素、蔡襄并称"四谏"。范仲淹被贬时，朝野百官不敢吭声，惟有他出来为范仲淹主持公道，结果一同被贬。后任右正言，多次上书建议严赏罚，节开支，反对多给西夏岁币。他又曾三次出使辽国，因用契丹语做诗被劾。不久又被起用，加集贤院学士，官至工部尚书，著有《五溪集》。

· 繁衍变迁 ·

余姓发源于今陕西省宝鸡市一带。秦汉以后，有余姓人迁入今河南、安徽。魏晋南北朝时，余姓人进入今湖北、湖南。唐初，有余姓人落籍今福建，并有于唐末迁居莆田（今属福建）者。唐僖宗光启年间，有余姓人转入今广东武溪、湖南长沙、浙江杭州、江西等地者。至宋代，余姓人遍布全国。明初，作为洪洞大槐树（今属山西）迁民之一，余姓人被分迁于今陕西、甘肃、河南、山东、江苏、浙江、河北、安徽等地。清代，有余姓人自今福建迁至台湾、进而移居海外。

四十二 杜

· 姓氏来源 ·

杜姓源出有三：

①出自祁姓，帝尧之后。上古时代，帝舜封尧的儿子丹朱在唐（今山西省翼城），丹朱的子孙在夏和商时都是诸侯。周初成王时，唐国不敬天子，被当时摄政的周公旦灭掉，而把其弟叔虞封于唐，把唐国原国君后裔迁到杜（今陕西杜陵），是为唐杜氏。周宣王时，唐杜国君桓在朝中任大夫，后世称杜伯。杜伯才貌出众，周宣王的宠妃女鸠总是设法勾引他，但正直的杜伯不为所动。女鸠恼羞成怒，反诬杜伯欺负她，周宣王于是斩杀了杜伯。杜伯死后，其子孙或逃亡或留在国内。杜伯

遗族以国为氏,称为杜氏。

②出自上古杜康之后。相传杜康是上古黄帝时期的人,为酒的发明者,其后世以杜为姓。

③出自他族改姓。如北魏时有鲜卑代北独孤浑氏,金时女真人徒单氏、满族都善氏、图克坦氏、鄂伦春族杜宁肯氏、裕固族杜曼氏、达斡尔族德贡氏、达力德尔氏等都改姓杜。

· 郡望堂号 ·

郡望

京兆郡:汉置,相当于现在的秦岭以北、西安市以东、渭河以南的地方。

襄阳郡:分南郡、南阳两郡,相当于现在的湖北襄阳、南漳、宜城、远安、当阳等地。

濮阳郡:相当于现在的河南省渭县、濮阳、范县,山东省郭城等地。西晋末年改为郡。

汉阳郡:治所在今湖北省汉阳。

南阳郡:治所在今河南省南阳。

堂号

少陵堂、诗圣堂:唐代大诗人杜甫自号"少陵野老",而世有"诗圣"之誉,因而有此堂号。

· 宗族特征 ·

杜姓历史悠久,名人辈出。杜姓人在漫长岁月中形成了自己独特的文化信仰和风俗习惯:敬奉土木;牢记破锅(明初山西洪洞大槐树移民时,有一杜姓人家,弟兄几人临别时,打破一口铁锅,一人保留了一块,约定以后认祖归宗用。所以杜姓人每逢亲人临别时都要嘱咐:"世代牢记住,咱是破锅杜。");昭穆有序,如河南省社旗县杜姓一支议定从"破锅"十二世始,以弘字起的字行为:"弘寿士全凤,光明道德兴，庆祥应安培，书客振家声。"族内禁止通婚。

· 历史名人 ·

杜甫：河南巩县（今巩义市）人，唐代伟大的现实主义诗人，被人称为"诗圣"，有《杜工部集》传世。

杜如晦：京兆杜陵人，初唐名相，深得李世民器重。

杜佑：京兆杜陵人，唐朝史学家，编《通典》二百卷，是中国第一部记述典章制度的通史，官至宰相。

杜牧：京兆万年人，杜佑之孙，唐代著名诗人，著有《樊川集》。

杜聿明：陕西米脂人，国民革命军陆军中将，抗日战争时任国民革命军第五军军长，昆仑关大捷的指挥官。

· 繁衍变迁 ·

杜姓发源于今陕西西安。春秋战国时，已有杜姓人徙居楚（约在今湖北省西部、南部，河南省南部，安徽省北部，江西省北部，山东省南部，四川省东部和江苏省、浙江省一带）、鲁（今山东省曲阜一带）等国。秦汉之际，杜姓人主要繁衍于今陕西。魏晋南北朝时，中原动荡，狼烟四起，杜姓人为避战

杜甫

乱大举南迁至今湖北襄樊，四川绵竹、成都及浙江杭州，并繁衍成为当地大族。唐末，有杜姓人迁居今浙江绍兴。明初，杜姓人作为洪洞大槐树（今属山西）迁民之一，被分迁于今河南、河北、山东、江苏、安徽等地。明清之际，杜姓人已遍布全国各地，且远播东南亚、欧美等地。

四十三 叶

· 姓氏来源 ·

叶姓人口较多，分布广泛，尤以福建、台湾、广东、江苏、江西等地人数最多，分布最密集。叶姓来源主要有二：

①自芈姓沈氏，为帝颛顼后代季连（赐姓芈）之后。春秋时期，季连后裔楚国左司马沈尹戌之子沈诸梁，才能出众，楚惠王时期被任命为楚国北边要邑叶邑（今河南叶县南旧城）的行政长官，因楚县尹通称为"公"，故称"叶公"。叶公在叶邑兴修水利，使当地的生存环境有了较大的改善，受到当地人的拥戴。他助惠王平定白公之乱，身兼要职而不恋权位，后委其事于子，自己归隐终老于叶邑。其后裔以邑为氏，叶邑成为叶氏祖地，叶公成为叶氏始祖。由上可见，沈、叶本为同宗。

②出自他族他姓改姓。古姓中的"叶阳氏"、"叶大夫氏"等复姓在漫长的历史发展中逐渐改为单姓叶。清代满族纳喇氏、叶赫勒氏、德昂族亥氏也有改叶姓者。

叶公

· 郡望堂号 ·

郡望

南阳郡：战国时秦昭王置。治所在宛县（今河南南阳市）。相当于现在河南熊耳山以南叶县、内乡间和湖北大洪山以北应山、郧县间地。

下邳郡：东汉时置国。治所在下邳（今江苏睢宁西北）。南朝宋时改为下邳郡。辖地北至江苏新沂、邳县，南至安徽嘉山，东至江苏涟水、淮安和清江市。

堂号

崇信堂：宋朝时有翰林学士叶梦得，在朝廷南渡的时候，任江东安抚使，领兵分据江津，使金兵不得渡江。官至崇信军节度使，因而有此堂号。

· 宗族特征 ·

叶姓人以能继承祖先美德为荣，族人中不乏宰相、画家、文学家之类的名流。叶姓人的字行辈分排序井然，字韵深远，如叶成忠所修《叶氏宗谱》，载有今浙江叶姓一支的字行为："茂盛宗世万，嗣继启志成。"

· 历史名人 ·

叶适：永嘉（今浙江温州）人，宋代唯物主义哲学家、思想家，永嘉学派的集大成者。官至礼部侍郎。著有《习学记言》《水心先生文集》等。

叶梦得：江苏吴县人，南宋高宗时名臣。其人博学多才，留有《建康集》《避暑录话》《石林燕语》等。

叶茂才：明朝官吏。与顾宪成、顾允成、高攀龙、安希范、刘元珍、钱一本、薛敷教并称"东临八君子"。

叶剑英：广东省梅县人，著名的无产阶级革命家、政治家、军事家，中国人民解放军十大元帅之一。

叶圣陶：江苏苏州市人，著名的作家、教育家。代表作有长篇小说《倪焕之》、童话集《稻草人》、短篇小说《潘先生在难中》、教育论著《叶圣陶语文教育论集》等。

· 繁衍变迁 ·

叶姓发源于今河南。叶公去世后，其后裔辗转迁居于河间（今属河北）、雍州（今陕西中部、北部，青海东北部，甘肃大部和宁夏回族自治区一带）、下邳（今江苏邳州市）。西晋末年，叶姓后裔部分向南迁徙，部分重返中原（黄河中下游地区，包括今河南大部，山东西部和河北、山西的南部）。唐宋时期是叶姓人迁徙最频繁的时期，其间有从今河南叶县迁居今河南固始县、光山县者。宋末，有叶姓人迁往今浙江、福建，叶姓自此成为江南的著名姓氏。明清之际，有沿海一带的叶姓人渡海赴台。清末，沿海和今香港、澳门、台湾陆续有叶姓人迁居东南亚等地。

四十四 程

· 姓氏来源 ·

程姓人口较多，目前主要分布在河南、安徽、四川、山西、陕西、山东等省，其中河南最多。程姓源出主要有二：

①出自姬姓，颛顼之后。颛顼，为黄帝孙，姓姬，号高阳。相传上古时，颛顼之后重黎为火正之官，掌管民事。商时重黎之裔孙被封于程（今河南省洛阳市东，一说在今陕西咸阳

市东），建立程国。其子孙后以国为氏，称程氏。

②出自荀姓，以邑为氏。据史料载，春秋时晋国公族叔受封于荀邑（今山西省正平县西），其后以邑名"荀"为氏。后晋国荀氏的支子（非正妻长子或妾生子）食采于程邑（今山西省新绛县东北），其子孙以邑为氏，称程氏。

·郡望堂号·

郡望

广平郡：西汉置，治所在广平（今河北鸡泽东南）。辖区包括今河北任县南和、鸡泽、曲周、永年及平乡西北肥乡东北一部分地区。

河南郡：西汉置，治所在阳（今河南洛阳市东北）。辖区包括今河南黄河以南洛水、伊水下游，双自河、贾鲁河上游地区及黄河以北原阳县。

安定郡：西汉置，治所在高平（今宁夏固原）。辖区包括今甘肃景泰、靖远、会宁、平凉、泾川、镇原及宁夏中宁、中卫、同心、固原等地。

堂号

伊川堂、明道堂：宋时程颐，与弟程颢并称为"二程"，人称"伊川先生"，故有"伊川堂"之名。由于他们能继承孔孟的传统，故有"明道堂"之称。

·宗族特征·

程姓人多忠义之士。他们舍小利、取大义，舍小家、为大家，杀身成仁、舍生取义，名垂千古。程姓人的字行辈分严谨有序，如湖北江夏程姓一支的字行为："敦仁广义，远绍显谟，培基振绪，愈奋伟烈，德泽绵延，时久弥芳，和蔼充盈，毓秀钟炎。"

· 历史名人 ·

程婴：春秋时晋国人，著名的忠义之士，与公孙杵臼设计营救赵氏孤儿，报仇雪恨后自杀殉友。

程普：右北平郡土根（今河北省丰润东北）人，三国时吴国荡寇将军，初从孙坚，后助孙权经营江南。

程颐、程颢：河南洛阳人，宋明理学的奠基人，世有"二程"之称。其学说后为大理学家朱熹继承和发展，创立了程朱理学体系，世称"程朱理学"。

程颢

程长庚：潜山（今属安徽省）人，清代著名京剧演员，演老生，艺术上熔徽调、汉调、昆腔于一炉，对京剧老生唱腔和表演艺术的形成，贡献很大。

· 繁衍变迁 ·

程姓发源于今河南、河北、陕西、山西等地，春秋时主要繁衍于今山西境内。秦汉时，程姓人已有迁入今四川和浙江湖州、江西南昌者。魏晋之际，北方战乱频仍，程姓人大举南迁至今安徽、江苏、湖南、江西省境。唐宋时期，程姓人已散居全国大部分地区。元末，程姓人南迁于今福建、广东等省。明清之时，程姓人遍布全国。

四十五 苏

· 姓氏来源 ·

苏姓源出主要有二：

①颛顼帝之后。颛顼帝裔孙吴回为帝喾火正,生子陆终。至周武王,陆终后裔忿生为司寇,受封于苏地(今河南省辉县西的苏岭),建立苏国,后迁都于温(今河南省温县西南)。其后代子孙遂以国名为姓,称为苏氏。

②出自古代少数民族改姓。如北魏孝文帝汉化改革,改鲜卑族代北复姓跋略氏单姓苏;清满族苏佳氏、苏都哩氏、苏尔佳氏,锡伯族苏木尔氏,土族苏卜氏,彝族阿苏氏,均改汉姓为苏。

如今,苏姓在全国分布广泛,尤以河南、广东省为多。而广东苏氏大概为北宋时北方苏氏迁徙而至。

· 郡望堂号 ·

郡望

武功郡:战国时秦孝公置,治所在今陕西省眉县东四十里、渭河北岸。

蓝田县:秦置,治所在今陕西省蓝田县。

河南郡:汉高帝置,治所在雒阳(今河南省洛阳市一带)。辖境相当于今河南省黄河以南洛水、伊水下游及黄河以北原阳县。

洛阳郡:东魏置洛阳郡,治所在今河南洛阳东汉水北岸。

堂号

芦山堂:北宋的时候,苏颂发明了世界上第一台天文钟——水运仪象台,比欧洲人发明的时钟早了600年,被誉为"时钟祖师"。故有此堂号。

· 宗族特征 ·

苏姓可谓一个光耀史册的古老姓氏,早在春秋时代,苏姓人便声名显赫。此后苏姓家族更是人才济济，尤其是宋代的"三苏"，父子三人皆名垂千古，光照史册。

· 历史名人 ·

苏秦：河南洛阳人，战国时的纵横家，曾成功地劝说六国国王联合抗秦，身佩六国相印。

苏武：杜陵（今陕西省西安）人，汉武帝时出使匈奴，被匈奴羁留十九年，牧羊于北海（今俄罗斯贝加尔湖附近），啮雪吞旃，而仍杖汉节，为保持民族气节树立了榜样。

苏轼：眉州眉山（今四川省眉山）人，北宋文学家。在诗、词、文、书法方面都颇有造诣。与父洵、弟辙合称"三苏"。

苏廷煜：蒙城（今属安徽省）人，清代画家，其墨笔梅兰竹菊及书法，世称"双绝"。

· 繁衍变迁 ·

苏姓发源于河南辉县和温县等地，后西周被犬戎所灭，苏姓为官者随周天子迁至洛阳。春秋时有苏姓定居于两湖一带。汉武帝时，伐匈奴有功的苏建被封为平陵（治所在今陕西省咸阳市西北）侯。汉末有苏姓由河内迁至四川眉山，此后又有大举迁居江南各地者。唐初，有苏姓人入福建。北宋熙宁五年（1072年），章惇平定梅山蛮（早期迁至湖南省新化、安化一带的苏姓被称为梅山蛮），杀戮过甚，苏姓之幸免者，南逃至两广、云南和越南、老挝、泰国。芦山堂的苏姓因仕宦在南宋时散居江南各地，并有一支由福建入广东。苏姓入台、出海外始于宋、明时。清时，苏姓人已广布全国。

四十六 魏

· 姓氏来源 ·

魏姓是当今中国姓氏排行第四十六位的大姓，人口较多，遍布全国各地。魏姓源出主要有三：

①出自姬姓，为周文王裔孙毕万之后，以邑为氏或以国名为氏。据史料载，周文王第15子毕公高受封于毕，其孙毕万在毕国被西戎攻灭后，投奔到晋国，成为大夫。因功，被赐魏地（今山西省芮城县西北）为邑，其后子孙以邑为氏，称为魏氏。毕万的后代魏斯建立魏国，是为魏文侯。公元前225年魏国为秦所灭，其后亡国的魏国王族以国名为氏，此为魏姓最重要的一支。史称魏姓正宗。

②出自芈姓。据史料载，战国秦昭襄王时有国相、穰侯、昭襄王母宣太后异父弟魏冉，本楚人，为颛顼帝后裔，芈姓，后改姓魏。

③出自少数民族改汉姓或为少数民族固有之姓。如满族倭彻赫氏、佤族斯内氏，鄂伦春族魏拉依尔氏改汉姓为魏。另外，土家、蒙古、彝、回、朝鲜等族均有魏姓者。

魏冉

·郡望堂号·

郡望

巨鹿郡：秦置，治所在巨鹿（今河北省平乡西南）。相当于今河北省白洋淀、文安洼以南，南运河以西，高阳、宁晋任县以东，平乡、威县以北，山东省德州、高唐，河北省馆陶之间地。

任城郡：三国魏置郡，治今山东省微山县一带。

堂号

九合堂：春秋时晋有大夫魏绛，晋君因听取了他的建议，与附近的少数民族山戎等缔结了友好条约，从而九合诸侯，成为霸主。因而有此堂号。

·宗族特征·

魏姓族人在早期就已在南北方同时发展，在宋朝时就已广播于全国，成为我国一大姓氏。魏姓家族名人较多，且分布于经济、政治、文化、军事各个领域。魏姓家族家训严明，颇具时代与家族特色。魏姓家族的字行辈分排列有序。

·历史名人·

魏无忌：即信陵君，春秋战国时期魏国人，魏安釐王之弟，博学多才，屡败秦师，与齐国孟尝君、赵国平原君、楚国春申君并称"战国四公子"。

魏征：馆陶（今属河北省）人，唐代名臣，相太宗，敢于犯颜直谏，有

魏征

"兼听则明，偏信则暗"等名言。

魏源：湖南邵阳金潭（今湖南省隆回县）人，道光进士，近代著名思想家。他主张学习西方，提出"师夷长技以制夷"的思想。

· 繁衍变迁 ·

魏姓发源于陕西、山西境内，早期主要在山西、陕西、河南、山东等中原地区发展繁衍，也有部分居于今湖北、湖南。西汉时，魏无忌的六世孙任巨鹿（今河北省）太守，使巨鹿成为魏姓历史上最著名的郡望。与此同时，魏姓也有进入江苏、浙江、甘肃、宁夏者。三国两晋南北朝时，魏姓大举南迁至四川、江西、福建等地。唐时，部分魏姓族人进入福建，后又徙至广东等地。宋末，魏姓人已遍布江南广大地区。元、明、清时期，魏姓族人远播海外。

四十七 吕

· 姓氏来源 ·

今日吕姓遍布全国各地，其中以山东、河南二省居多。吕姓源出有三：

①出自姜姓，为炎帝之后。相传上古部族首领神农氏炎帝，居姜水流域，因此以姜为姓。后来姜姓后人发展出四支胞族既"四岳"，吕部族就是其中一支。该部落的首领在夏时被封为吕侯，建姜姓诸侯国吕国（在今河南省南阳）。春秋

神农氏

时，吕国被楚国所灭，其后子孙以国为氏，称吕氏。

②从魏氏分化而来。据史料载，春秋时期晋国（今山西省西南部）的吕氏系来源于魏姓。如晋大夫吕锜便属魏姓后人，而其子孙仍沿袭吕姓。

③少数民族或汉族他姓改姓。据史料所载，南北朝时北魏孝文帝迁都洛阳后，实行汉化，原鲜卑族之代北复姓叱吕氏、叱丘氏改为汉字单姓吕氏。五代后周时又改三字姓俟吕陵氏为汉字单姓吕氏。

· 郡望堂号 ·

郡望

河东郡：秦置河东郡。治所在安邑（今山西省夏县西北），辖晋西南地区。

淮南郡：三国魏置，辖境均在今安徽省淮河以南地区。

东平郡：汉有东平国，南朝为郡，治无盐（今山东省东平）。

金华郡：元末，朱元璋取婺州路，改为宁越府，旋改金华府，治金华（今属浙江省）。

晋江郡：唐开元六年（718年）析南安县东南地置晋江县。泉州州治与晋江县县治同地。此时泉州领晋江、南安、莆田、龙溪、清源（今仙游县）五县。治所在今福建省东南沿海，晋江下游。

堂号

东莱堂：南宋时期的吕祖谦做过著作郎兼国史馆编修的官，著有《东莱博议》，其中阐发了他对春秋三传的独到见解。后人因以"东莱"为堂号。

· 宗族特征 ·

吕姓作为中国一大姓氏，名人辈出，各行各业均有吕姓锋芒毕露者,三国人物吕蒙、吕布更是人们耳熟能详的杰出人物。吕姓家族的字行辈分亦尽显其家族特征,如清代吕国泰所纂《吕氏族谱》中载有山东吕姓一支的字行为:"巩丰仕贤,树桂诒玖,怀国安邦。"

· 历史名人 ·

吕不韦:战国时秦丞相,被封为文信侯。门下曾有宾客三千,曾组织门客编著《吕氏春秋》。

吕布:五原郡九原(今内蒙古自治区包头市西北)人,东汉末年名将,善弓马,力大无穷,时称"飞将"。

吕蒙:汝南富陂(今安徽省阜阳东南)人,三国时东吴名将,在赤壁之战中与周瑜等大破曹军,后大败关羽,夺回荆州,在东吴堪称战功赫赫。

· 繁衍变迁 ·

吕姓发源于河南南阳西、新蔡一带。南阳吕国灭亡后,部分遗民被迁至今湖北蕲春。新蔡吕国亡国后,遗民主要散居于今河南南部及安徽北部。两汉时期,吕氏分布于今河北、山西、内蒙古等地。东汉末年,西阳(今河南省光山西南)人吕范移居今安徽寿县。三国时,有吕姓徙居今山西永济县。南北朝时,吕姓有进入今浙江、江苏等地者。北宋初年,吕姓人徙居福建、

吕蒙

广东，清代康熙年间，这两地有吕姓人到了台湾，进而远徙海外。

四十八 丁

·姓氏来源·

目前，丁姓散布全国各地，以河南、江苏、山东、江西、浙江、贵州、吉林、辽宁省尤多，丁姓源出主要有三：

①出自姜姓。据史料载，姜太公之子伋，谥号为齐丁公，子孙以其谥号为氏，称为丁氏。

②殷商诸侯丁侯的后裔。据史料载，周武王讨伐殷纣时丁侯因不从而被周所灭，其子孙散居各地，部族仍以丁为氏。

③出自子姓。殷商开国君商汤本子姓，周武王封殷王帝乙长子微子启于宋（今河南省东部和山东、江苏、安徽省间地），国人及宋丁公的子孙以其谥号"丁公"为氏，称为丁姓。

商汤

·郡望堂号·

郡望

济阳郡：战国时为魏邑，西汉置县，治所在今河南兰考东北、山东省东明南境。晋惠帝时，将陈留郡之一部分设置济阳郡，治所在济阳。

堂号

驯鹿堂：东汉时有丁茂，从小家里就很穷，父亲最终饿死。他孝侍母亲，母亲死后，他背土筑坟，在坟旁栽了松柏。有白鹿来到墓旁帮他守护坟墓。后丁姓人便以"驯鹿"为堂号。

·宗族特征·

丁姓人有严格的家规、家训，其中"望子成龙、家宁人和"的训条是丁姓家族人才辈出的原因之一。丁姓人的字行辈分排列有序，如丁远福所纂《丁氏族谱》中载，江苏丁姓一支的字行为："昌忠正邦佐，广吉仁义良。"

·历史名人·

丁敬：钱塘（今浙江省杭州）人，清代篆刻家，"西泠八家"之首。工诗、书、画，尤精篆刻，宗法秦汉，又石囿成规，擅长切刀。其作品苍劲质朴，独树一帜，开"浙派"之风。

丁汝昌：安徽省庐江人，清末北洋水师提督，甲午战争爆发后，在与日军的威海卫一役中，拒降而自杀身亡。

丁玲：湖南临澧人，现代著名女作家。以《莎菲女士的日记》闻名。其小说《太阳照在桑干河上》获"斯大林文学奖"。新中国成立后，任《文艺报》主编、全国政协常委等职。

·繁衍变迁·

丁姓发源于今山东、河南等地。秦汉时,丁姓人主要聚居在今山东、江苏、河南。同时,今河北、陕西、广西、湖北、广东等省也有少量丁姓人落籍。三国两晋南北朝是丁姓人大量播迁的时期。三国时孙匡改姓丁,为丁姓家族加添了新的支脉。此支丁姓人主要繁衍于今江苏南部及浙江大部分地区。这一时期,丁姓人仍以今山东、河南为中心繁衍生息,并有部分迁入今江西、安徽。唐代,济阳丁姓人有入居今福建者,并于唐末迁居今广东及福建泉州等地。清代,居于今福建、广东的丁姓人有移居台湾者,或徙居泰国、新加坡、美国等地。

四十九 任

·姓氏来源·

目前,任姓广布全国各地,尤以河南、山东多此姓,其源出主要有四:

①出自姬姓,为黄帝少子禹阳的后代。据史书载,任氏是黄帝赐封的12个基本姓氏之一,其始祖为黄帝少子禹(禺)阳。周朝时的谢、章、薛、舒、吕、祝、终、泉、毕、过10个姓氏,最初都是由任姓分支出来的。

②出自远古妊姓衍传,与女性妊娠有关,可认为是母系氏族社会产生的古姓之一。人之所以得生,在于母亲妊娠,因生得姓。从母从女,为妊姓,后传为任姓。据《康熙字典》指出:"太任,文王之母";《汉书》中也有"美皇英之女虞兮,荣任姒之母周。"这位周文王的母亲太任之为上古任氏之女,显而易见。

③出自风姓,为太昊氏之后,太昊就是上古的伏羲氏。据

载,太昊氏之后被封于任城(在今山东省济宁一带),立任国。任国在战国时灭亡,其后代子孙遂以国名为姓,称为任氏。

④他姓他族改姓而来。如元代王信之子宣,为避难改姓任,其后代亦称任姓。另外古代少数民族如西夏、明代哈尼族有改任姓者。

伏羲

· 郡望堂号 ·

郡望

乐安郡:汉置,治所在临济(今山东省高青县高苑镇西北),三国时移治高苑(今山东省博兴县西南)。

东安县:南朝宋元徽四年,改东迁县为东安县(治所在今浙江省富春县),次年仍复名为东迁县。隋开皇九年东迁县并入乌程县。宋太平兴国7年,分乌程县东南15乡置归安县。

堂号

水薤堂:东汉人任棠有奇节,不肯做官,隐居教授。太守廖参去访问他,他只拔了一颗薤,将一杯清水放在桌上,自己抱着小孙子坐在门下。太守明白了他的意思:一杯水是要自己为官一清如水;拔大薤是告诉自己要拔除土豪;抱着幼孙当户,是要自己留心照抚孤儿。因而有此堂号。

· 宗族特征 ·

任姓是一个源远流长的古姓,其字行辈分排列有序,如1929年任守正所修的《任氏族谱》中载,如皋(今属江苏)任姓一支的字行为："允远士大中，万正吉顺太。"

· 历史名人 ·

任安：字少卿，西汉荥阳（今属河南省）人，大将军卫青的舍人。在卫青的荐举下，任安当了郎中，后迁为益州刺史。

任安

任昉：乐安博昌（今山东寿光）人，南朝学者。历任宋、齐、梁三朝，以表、奏、书、启诸体散文擅名，时人号曰："任笔沈（指沈约）诗"。著作有明人所辑《任彦升集》。

任仁发：松江青龙镇（今上海市青浦）人，元代著名画家、水利家。曾主持疏浚吴淞江的工程，官至浙东道宣慰副使。擅画花鸟、人物，尤以画马最佳，著名的《二马图》为其代表作。

任伯年：浙江省山阴（今绍兴）人，清代著名画家，擅画鸟、山水、人物，技法上有独到之处。

· 繁衍变迁 ·

任姓发源于今山东。先秦时期，任姓人已播迁于今湖北、山西、陕西等地。秦代，已有任姓人徙于今广东。至汉时，任姓人已散居于今山东、山西、河南、陕西、四川、江苏、广东等地。魏晋南北朝之际，任姓人大举南迁至今江苏、安徽、浙江、湖北等地，并有入今福建者。南宋末期任姓人逃难至南方各地。明初，任姓人作为洪洞大槐树（今属山西省）迁民之一，被分别迁于今山东、河南、河北、江苏、陕西等地。自清代开始,今福建、广东境内的任姓人有徙居海外者。

五十 沈

· 姓氏来源 ·

沈姓是当今中国排名第五十位的大姓,主要分布在河南、浙江等省,尤以浙江最多。沈姓源出主要有三:

①出自姬姓,以国为姓,是黄帝的后裔。沈本是上古国名,最早是夏禹子孙的封国。周初时,武王死后,由年幼的成王即位,周公旦摄政。三监不服,与武庚(商纣王之子)勾结,联合东方夷族反叛,后被周公旦所灭。文王第十子季载平叛有功,被周公举荐为司空,后成王将其封于沈国,又名聃国。季载又称冉季载。聃又写做冉,古时,冉、沈读音相同。春秋时,沈国为蔡国所灭,季载之后子逞逃奔楚国,其后子孙遂以原国名命姓,称沈氏。

②出自芈姓,周代楚国公族封于沈鹿,因以获姓。春秋时,楚庄王有曾孙,名戌,在楚平王时任沈县(在安徽省临泉县)尹,又称沈尹戌。沈尹戌后来任楚国左司马,他为人正直,疾恶如仇。当时有个佞臣叫费无极,专门陷害忠直的大臣。楚平王在他的蛊惑下,赶走了太子建,杀死伍奢父子。逼得伍子胥出奔吴国。后来费无极又勾结另一个大夫鄢将师害死左尹郤宛。因郤宛素来以廉洁出名,在楚国颇得人

楚庄王

心。他的被害,激起了楚国臣民的极大愤怒。此时,沈尹戌便借助民众的力量,杀死了费无极和鄢将师。他也因此获得楚人的敬重。沈尹戌的后代也称沈氏。

③伏羲孙少昊金天氏之后。少昊金天氏裔孙台骀氏之后有人建立沈国,春秋时,为晋国所灭,子孙遂以沈为氏。

· 郡望堂号 ·

郡望

吴兴郡:三国时置郡,治所在乌程(今浙江省吴兴南,晋义熙初移今吴兴)。辖区包括今浙江省临安、余杭、德清等地区,兼有江苏宜兴县地。

汝南郡:汉高帝时置郡,治所在上蔡(今河南省上蔡西南)。辖区包括今河南省颍河、淮河之间,京广铁路西侧一线以东,安徽茨河、西淝河以西,淮河以北地区。

堂号

梦溪堂:因宋朝沈括的著作《梦溪笔谈》而得此堂号。

· 宗族特征 ·

沈姓族人迁居移徙较早,秦汉时期便开始迁居南方,并在不断迁徙中留下了众多的堂号。沈姓是一个比较典型的南方姓氏,族中文人墨客也层出不穷,族人字行辈分排列有序。

· 历史名人 ·

沈括:浙江钱塘(今杭州市)人,北宋科学家,所著《梦溪笔谈》涉及天文、数学、矿业、医药、物理等多方面,为后世科学进一步发展奠定了坚实基础。

沈周:字启南,号石田,又号白石翁,明长洲(今江苏省吴县)人。诗文俱佳,尤工于画。著有《石田集》《石田诗钞》等。

沈周

· 繁衍变迁 ·

沈姓起源于今河南。沈国被蔡国灭掉后,季载的后代子逞逃奔楚国,其孙沈尹戌后任楚国左司马,并世袭,食采于叶(今河南省叶县)。东汉时有沈戎举家徙居会稽乌程吴兴(今浙江省吴兴县),为沈姓人南迁之始。魏晋南北朝时,沈姓人大举南迁。至唐代,沈姓人已散居今江苏、浙江、江西、湖北、湖南、四川等地。

唐宋时,中原有沈姓人入今福建。明末,有沈斯庵徙居今台湾台南县善化镇,为沈姓人移居台湾之始。清乾隆、嘉庆年间,今福建漳州、泉州及广东的沈姓人,有多支迁往台湾,进而移居海外。

五十一 姚

· 姓氏来源 ·

①出自帝舜之后。据《新唐书·宰相世系表》、《元和姓纂》等载,帝舜的后代中有因生在姚墟(一说在今河南省范县南,一说在今山东菏泽县东北),便以地为氏称姚氏者。另有说法称,尧禅位与舜后,将两个女儿嫁给他。舜一家住在妫河

边，他的子孙便以妫为姓。武王灭商后，找到了舜的后裔妫满，将大女儿嫁给他，并封他于陈（今河南省淮阳市一带）。后裔传至妫恢时，因避王莽乱居于吴郡（今江苏省苏州市一带）。传五世后，改为姚姓。

王莽

②出自子姓。据《路史》记载，春秋时有子姓姚国，为商族的后代，子孙以国为氏，称为姚氏。

③出自改姓、赐姓或少数民族姓氏。据《晋书》载，西晋时有羌族首领姚戈重，本是汉时西羌烧当氏的后人，自称是帝舜的后代而改姓姚；明朝时赐蒙古人饶五十姓姚名智；德昂族拉耐氏族，汉姓为姚；今苗、水、羌、拉祜、满、彝、蒙古、土家、壮、白、俄罗斯等民族均有此姓。

· 郡望堂号 ·

郡望

吴兴郡：今浙江临安、余杭、德清一线西北，兼有江苏宜兴等地，三国时置郡。

南安郡：今甘肃陇西东部以及定西、武山等地，东汉时置郡。

堂号

圣仁堂：舜帝是至仁圣明的帝王。因而有此堂号。

· 宗族特征 ·

姚姓家族，人才辈出，既有著名的史学家、文学家、经学家、科学家、诗人、画家，又有杰出的政治家、军事家，对中国历史作出了积极的贡献。姚姓源于北而盛于南，是比较典型的南方姓氏。姚姓人的字行辈分排列有序。1927年姚联奎所修的《姚氏宗谱》载，桐城（今属安徽省）姚姓一支的字行为："若孙，文士孔兴，枝鸿叶茂，永佐大成。"

·历史名人·

姚崇：唐代开元初名相。陕州峡石（今河南省三门峡东南）人。先天二年（713年），被玄宗拜为相国，他注意用人，罢冗职，修制度，择百官各当其材，政绩卓著。后以幕僚受贿事请避位，荐宋璟为相，但仍受优礼，玄宗时常以国事咨询。

姚鼐：清代散文家、诗人，与方苞、刘大槐创立清代散文重要流派"桐城派"，参加过《四库全书》的编纂。治学以经为主，兼及子、史、诗文，但主要成就在散文上。

·繁衍变迁·

姚姓发源于今江苏苏州一带。东汉以前，有姚姓人徙居今河南、山西、广西、四川、浙江等地。西晋永嘉年间，有姚姓人迁至今陕西千阳。唐初，有姚姓人迁入今福建，与此同时，既有姚姓人前往今辽宁，也有今陕西、甘肃、河南的姚姓人入迁今云南、四川。两宋时，姚姓人已分布于今河北、河南、山西、山东、四川、江西、江苏、浙江、福建、广东、辽宁等地。明初，姚姓人作为洪洞大槐树（今属山西省）迁民之一，被分迁于今山东、河南、河北、辽宁、吉林、黑龙江等地。清初，有姚姓人赴台，进而播迁海外。

五十二 卢

·姓氏来源·

①出自姜姓，为炎帝神农氏后裔齐太公姜尚之后，以邑名为姓。据《元和姓纂》载，西周时炎帝后裔姜尚，字子牙，因

辅佐周武王兴周灭商有功,被周公(周武王之弟)封于齐(今山东省淄博一带),有太公之称。春秋时,齐太公的后裔高傒食采于卢(今山东省长清县),子孙遂以邑名为姓。

②出自改姓。据《通志·氏族略》所载,春秋时,齐桓公之后有卢蒲氏,后改姓卢;又据《魏书·氏族志》所载,北魏孝文帝改鲜卑复姓吐伏卢氏、伏卢氏、卢浦氏、莫卢氏为卢姓;后周初,有范阳(约在今河北省保定、北京一带)雷氏改为卢氏;唐时,有三原(今属陕西)闾氏讹为卢氏。

③出自赐姓。隋炀帝时,河间人章仇(复姓)太翼,善天文,获赐姓卢氏。

④春秋时有庐子国,国人有以"庐"为姓者,后则改为卢。

· 郡望堂号 ·

郡望

范阳郡:治所在今河北涿州,三国魏时改涿郡置郡。

河南郡:治所在今河南洛阳东北,汉高祖时改秦三川郡置郡。

堂号

专经堂:东汉卢植,少年时和郑玄一同拜马融为师。马融在讲坛上设绛纱帐,帐后设女乐,自己在帐前讲书。卢植只专心听讲,几年未看女乐一眼,因而有此堂号。

· 宗族特征 ·

历史上,范阳卢姓可谓卢姓家族中最为著名的一支,其家族历代显赫,势力历经汉魏南北朝隋唐千余年而不衰,诚为罕见。范阳卢姓与博陵崔姓、赵郡李姓、荥阳郑姓、太原王姓并称海内五大望族,又与崔姓、王姓、谢姓并称为"四海大姓"之一,其社会声望甚至高于皇族,并在魏晋南北朝时发展为累世公卿的大族。

·历史名人·

卢植：字子干，涿郡（今河北省涿州市一带）人。东汉著名官吏、学者，学通古今，刚毅有节，常怀济世之志。董卓专权用事，议谋废立，众皆唯唯，植独抗论。

卢照邻：字升之，自号幽忧子，幽州范阳（今河北省涿州市）人。唐朝著名诗人，"初唐四杰"之一。其诗多忧苦愤激之作，以《长安古意》最为有名。

卢纶：字允言，河中蒲（今山西永济）人，唐朝著名诗人，"大历十才子"之一。所作诗歌多送别酬答之作，亦有少数反映边塞军士生活。遗有《卢纶集》。

·繁衍变迁·

卢姓发源于今山东长清西南，春秋时在齐国（今山东北部和河北东南部）繁衍，自"田氏代齐"后，卢姓人便散居于今

卢照邻

河北、陕西等地。秦末,有卢绾随汉高祖起兵反秦,因功受封燕王(在涿郡,治所在今河北省涿州),其后人称范阳卢姓。同时,有卢姓人迁至今宁夏回族自治区固原市与甘肃平凉市间地。西晋末年,卢姓人大举南迁至今江苏、浙江一带,并有一支北上今辽宁。唐代,卢姓人在北方称盛于黄河流域,尤盛于今河南境内,南方则主要繁衍于今江西、江苏、四川、福建、广东一带。元明清之际,卢姓人已遍及全国。

五十三 姜

· 姓氏来源·

①炎帝神农氏之后。《元和姓纂》《说文解字》《新唐书》等载,姜姓人是"三皇"之一的炎帝神农氏的后裔。炎帝神农氏生于姜水(今陕西省渭河支流的岐水,在今陕西省岐山之东,源出岐山),以居地命姓为姜。虞、夏之际,炎帝裔孙伯益,因辅佐大禹治水有功,被封于吕(今河南省南阳县西),建立吕国,再次被赐以祖姓姜。春秋时,神农氏的后裔姜太公(姜子牙)创立齐国(都城在今山东淄博)。吕国在公元前678年被楚国所灭,齐国在公元前221年被秦国所灭,两国子孙都有以姜为姓者。

②出自改姓。据《通志·氏族略》所载,唐代上元时有桓姓者改为姜姓;据《宋书·吐谷浑传》所载,宋时有羌人改姜姓;清朝满族八旗姜佳氏亦改为姜姓。

③今满、侗、瑶、彝、蒙、土家、保安、白、俄罗斯、朝鲜等少数民族均有此姓。

· 郡望堂号·

郡望

天水郡：治所在今甘肃通渭县西北，西汉置郡。

广汉郡：西汉时治所在今四川金堂县东乘乡，东汉移治今四川广汉市北。

堂号

稼穑堂：因神农教民稼穑而得名。

·宗族特征·

姜姓源于北方、盛于北方，是典型的北方姓氏，以孝行著闻。姜姓家族字行辈分严谨有序。据1917年姜正芳所修《姜氏家谱》所载，常州（今属江苏省）姜姓一支的字行为："中俊法仁，炳习志士，国良翰广，思茂。"

·历史名人·

姜尚：即姜子牙、姜太公。南阳（今属河南省，一说今河南省汲县）人。属东夷族（一说属羌族），西周初年的军事家、政治家，周文王、周武王的得力谋臣。他足智多谋，灭商居功，以功封于齐国，成为齐国的开国国君，相传曾作兵书《六韬》。

姜小白：即齐桓公，春秋五霸之首。他任命管仲为相，在"尊王攘夷"的旗帜下，南征北战，树立了霸主的威望。

姜夔：饶州鄱阳（今江西鄱阳）人，宋代著名诗人、词人。姜夔一生未仕，精音律，能自度曲，又擅书法。其诗初学黄庭坚，后深造自得，为杨万里所称道，

齐桓公

词尤有名，著有《白石道人歌曲》、《琴瑟考古图》、《白石道人诗集》、《诗说》、《续书谱》等。

· 繁衍变迁 ·

姜姓的发源地是今陕西渭河支流的岐水、河南南阳和山东淄博一带。汉初，有居住在今河南、山东的姜姓人徙关中，居天水，并有播迁于今江苏、四川等地者。两晋南北朝时，有姜姓人徙居江南。唐德宗时，有姜姓人入今福建。唐宋时期，姜姓人分布于今河北、河南、浙江、江西、安徽、山东及广东琼山等地。

明、清时期，今山西、陕西、贵州、湖南、福建、湖北等省也有姜氏的聚居点。女真族姜佳氏部族的姜氏后裔散居于今辽宁省丹东等地。清乾隆年间，有姜姓人渡海入台及播迁海外者。

渡海入台

五十四 崔

· 姓氏来源 ·

①出自姜姓,为炎帝神农氏的后裔,以邑名为氏。据《新唐书·宰相世系表》《元和姓纂》等载,崔姓源于西周时期的齐国,有近三千年的历史。

齐国是西周初周武王分封的重要诸侯国之一,建都于临淄(今山东省淄博市),开国君主是吕尚。吕尚本姓姜,因为他的先祖被封于吕(今河南省南阳市),故从其封姓,称为吕尚。吕尚的儿子丁公伋,是齐国的第二代国君。他的嫡子季子,本来应该继承君位,但却让位

季子

给弟弟叔乙(即乙公得),而自己则住到崔邑(今山东省章丘县西北),后来以邑为氏,称为崔氏。因姜太公吕尚为炎帝神农氏之后,故崔姓亦可称源自炎帝神农氏。

②据《新唐书》所载,唐时新罗国有崔姓。

③少数民族姓氏。清代高句丽人、族人姓氏中有崔姓;今彝、回、蒙、土等民族均有崔姓。

· 郡望堂号 ·

郡望

清河郡:地辖今河北清河及枣强、南宫的一部分,山东临清、夏津、武城及高唐、平原各一部分,汉高祖时置郡。

博陵郡:今河北安平、饶阳、安国等地。

堂号

嗫李堂:"嗫李"是指使李白不能够开口吟诗。传说唐朝崔颢题在黄鹤楼上的一首诗,道尽一时盛景乡情,让李白见了叹道:"眼前好景道不得,崔颢题诗在上头!"因而有此堂号。

· 宗族特征 ·

崔姓是典型的北方姓氏,家族名人多以政治或文化艺术方面的成就和才华称著于史册,且以唐代为盛。崔姓人的字行辈分排列有序,且立意高远。如清代锦西(今辽宁省葫芦岛市)崔姓人一支的字行为:"封文显德,克永康祥。"

· 历史名人 ·

崔骃:字亭伯,安平(今属河北省)人,东汉学者。博学多才,尽通训诂百家之言。与班固、傅毅齐名。其著作被后人辑为《崔亭伯集》。

崔护:安平(今属河北省)人,唐代诗人,官至岭南节度使。其诗《题都城南庄》中的诗句"人面桃花相映红"为千古传诵的名句。

崔浩:字伯渊,小名桃简,清河郡武城(今河北省清河县)人。白马公玄伯之长子。他促进了北魏对北方的统一,被后人称颂为"南

崔浩

北朝第一流军事谋略家"。

· 繁衍变迁 ·

崔姓发源于今山东。秦汉时,崔姓人播迁于今陕西、河北、河南等地。东汉末,战乱不休,有崔寔举族避居朝鲜,后发展为朝鲜大户。魏晋南北朝时,崔姓族大人众,西晋时位居北方士族之首。唐代,崔姓一族的地位十分显赫,官居相位者多达27人。这个时期,今山东、河北、河南、陕西、山西、甘肃遍布崔姓人。宋元时,有崔姓人南迁于今江苏、安徽、浙江、江西等地。明清之际,有大批崔姓族人迁往辽东(辽河以东地区,今辽宁省东部和南部)一带,多与朝鲜族杂居。清末,崔姓人又有入居东南亚各国者。

五十五 钟

· 姓氏来源 ·

①出自子姓。《名贤氏族言行类稿》《新唐书·宰相世系表》等载,春秋时宋桓公子御说曾孙伯宗仕晋,生州犁,入楚,食采于钟离(故城在今安徽省凤阳东北十公里),后人多以居地为氏,单称钟氏。

②出自嬴姓。周朝时,伯益(亦称大费,古嬴姓家族的祖先)的后人被封于钟离国(今安徽省临淮关一带)。春秋时钟离国被楚吞并,国人称钟离氏,其中有一部分改钟离为钟。

③以官名为氏。据《周礼·春官》记载,古代有官名钟师,掌击钟奏乐。钟姓最早的一支是周朝乐官钟师的后代。

④源自少数民族改姓或少数民族固有姓氏。满族钟吉氏、裕固族钟鄂勒氏改单姓钟。今高山、拉祜、蒙古、回、畲、苗、彝等民族均有此姓。

·郡望堂号·

郡望

颍川郡：治所在今河南禹州，秦时置郡。

竟陵郡：治所在今湖北潜江西北，秦时置郡。

堂号

四德堂：春秋时楚国钟仪，被晋景公赞叹为有四德：不忘本之仁，不忘旧之信，无私之忠，尊君之敬。因而有此堂号。

·宗族特征·

从东汉至盛唐，颍川长社（今河南省长葛东）钟姓家族始终为名门望族，地位显赫，人丁兴旺，成就斐然。政治上，钟繇、钟毓、钟雅、钟绍京等，都是当时的辅政大臣；军事上，钟会、钟诞、钟蹈等，都是能征善战、镇守一方或运筹帷幄、出奇制胜的将领；文学上，钟繇、钟会、钟蹈、钟嵘、钟屿等，都有大量著作或专集传世；书法艺术上，钟繇、钟琰、钟绍京等，都有高深的造诣。

·历史名人·

钟子期：春秋时期楚国人，精通音律。相传伯牙鼓琴，他能分辨是志在高山还是志在流水，因而被伯牙引为平生唯一的知音。他死后，伯牙在他的墓前弹了一次后就自断爱琴，不复鼓琴。

钟繇：颍川长社（今河南省长葛东）人，三国时著名的书法家，楷书的创立者。工楷、隶、行、草，尤长八分

钟繇

书。南朝陈霸先赞其书法如云鹤游天，群鸿戏海。其成就可与书圣王羲之相提并论。其长子钟毓，为魏御史中丞、廷尉；次子钟会，为魏国名将。

· 繁衍变迁 ·

钟姓发源于今安徽。先秦时期，钟姓人主要居住在今湖北、湖南一带。汉晋之际，钟姓人以今河南为繁衍中心。晋时，有钟姓人自今河南移居今江苏南京、福建、浙江、湖北及江西赣州等地。南朝末年，有钟姓人移居岭南（五岭以南，即今广东省、广西壮族自治区与越南北部一带），植根于其间的少数民族之中。唐代，钟姓人分布于今山西、四川、广东、安徽等地。五代至宋元，北方战乱，钟姓族人大部聚居于今福建、广东。明初，钟姓人作为洪洞大槐树（今属山西省）迁民之一，被分迁于今安徽、河南、河北、江苏、陕西等地。清代以后，有今广东、福建境内的钟姓人赴台或远播东南亚等地。

迁离洪洞

五十六 谭

·姓氏来源·

①出自姒姓,以国名为氏。大禹治水成功后,舜赐姒姓于禹。周初大封诸侯时,姒姓的一支被封于谭国(今山东省章丘县西)。谭国国势一直不盛,不久就沦为齐国的附庸。周庄王四年(前693年),谭国被齐国吞并,谭国国君之子逃亡到莒国(今山东省莒县),留在故国的子孙遂以国名为氏,称谭氏。

②出自古代西南少数民族。据《万姓统谱》载,巴南(今云南、贵州一带)六姓有谭氏,自称为盘瓠的后代。

③其他来源。有谈氏为避讳而改为谭氏;景颇族勒羊氏,汉姓为谭;壮、瑶、哈尼、满、鄂伦春等少数民族均有谭姓。

·郡望堂号·

郡望

济阳郡:今河南兰考东境、山东东明南境,西晋惠帝时分陈留置郡,治所在今河南洛阳市。

齐郡:今山东淄博市和益都、广饶、临朐等县地,西汉时改临淄郡置郡,治所在今山东淄博市。

堂号

善断堂:唐宪宗时,卢龙(今河北省北部、东北部和内蒙古自治区赤峰市、辽宁省朝阳市一带)牙将谭忠出使魏博(今河北省南部、山东省北部),恰好赶上朝廷派大军越过魏博去讨伐成德(今河北省中部一带)节度使王承宗。魏博节度使田季安意欲兴兵阻截,谭忠劝他说:"不可!如果兴兵,就是对抗朝廷,你的罪名就大了。"于是田季安按兵不动。谭忠又说服卢龙节度使刘济出兵帮朝廷讨伐王承宗。最终田、刘都受到朝廷表彰,大家都佩服谭忠善断利害,因而有此堂号。

·宗族特征·

谭姓是一个典型的南方姓氏。其先祖帝禹,仁德贤明,谭姓人以其为荣,不忘大禹治水的精神,承前启后,人物辈出。特别是近现代史上,更是涌现出了大批追求进步、为国抛头颅洒热血的谭姓志士仁人。

·历史名人·

谭纶:宜黄(今属江西省)人,明朝抗倭名将。其性格沉毅,与戚继光共事齐名,号称"谭戚"。

谭鑫培:武昌(今属湖北省)人,著名京剧表演艺术家,艺名"小叫天"。以老生京戏闻名,善于革新,为京剧老生表演艺术开拓了新的天地,影响极其深远,享有"伶界大王"的美誉。

谭嗣同:浏阳(今属湖南省)人,近代著名思想家。他的《仁学》是维新派的哲学著作,是其代表作。他猛烈抨击君主专制制度和清王朝的反动统治,并对封建纲常伦理进行了犀利的批判,其思想之激进和深刻,达到了同时代的最高水平,并成为后来资产阶级革命派思想的先导。作为戊戌维新的领袖,他为变法事业献出了宝贵的生命。有《寥天一阁文》《莽苍苍斋诗》等留世。

·繁衍变迁·

谭姓发源于今山东。汉代以前,谭姓人在今山东、河南分布最多。汉代时,谭姓人入今山西等地,分布渐广。魏晋南北朝是谭姓历史上一个重要的变化时期,谭姓人大举南迁,形成了谭姓人口南方多于北方,尤以今湖南及其周边地区最为集中的格局。唐代是谭姓历史上最繁盛的时期。宋元时期,战乱频繁,居于北方的谭姓人继续南迁。清代时,谭姓人在国内的播迁基本完成,业已遍布全国,并有今福建、广东境内的谭姓人迁至新加坡等东南亚国家。

五十七 陆

· 姓氏来源 ·

①出自妫姓。据《新唐书·宰相世系表》载,战国时,帝舜的妫姓后裔、齐宣王田辟疆之子通受封于平原县陆乡(今属山东省),以封邑名为氏,称陆氏,子孙沿用。

②据《广韵》所载,颛顼曾孙吴回在帝尧时任火正之官,其子陆终被封于陆乡(今山东省平原县一带),后代子孙有以陆为氏者。

③据《陈留风俗传》《风俗通义》等资料所载,春秋时有陆浑国(故城在今河南省嵩县东北),被晋国灭亡后,国人以国名为氏,称为陆氏。

④源自少数民族改姓或少数民族固有姓氏。据《魏书·官氏志》所载,北魏孝文帝迁都洛阳后,改鲜卑步陆孤氏为陆姓,与"穆、奚、于、贺、刘、娄、尉"七姓并称北人八族;相传成吉思汗之孙阿里不哥,排行第六,为避灾祸隐姓埋名,以排行为姓,故姓陆。今彝、高山、京、土家、满、蒙等族均有陆姓。

· 郡望堂号 ·

郡望

吴郡:治所在今江苏省苏州市,三国时置郡。此支陆姓人为陆通的直系后裔,开山始祖为西汉时的陆烈。

平原郡:治所在今山东省平原县南,西汉置郡。

堂号

忠烈堂:南宋国祚将倾之际,左丞相陆秀夫誓死不降元,拥立益王继位，转战于海上。但终因大势已去，他无力回天，海战失败。元兵杀来时，陆秀夫从容拔剑将妻子、儿子驱逐下海而死，然后自己背起幼主投海自尽。其忠烈气概，感天动地，因而有此堂号。

· 宗族特征 ·

陆姓家族代有人才出，各领风骚数百年，如品茶权威陆羽，被奉为"茶神"，是陆姓敬业精专之表率。陆姓人的家规家训凝练着"走正路、正己身"的高尚情操，字行亦寓意隽永，如清代陆乃普所修的《陆氏宗谱》中载有吴江（今属江苏省）陆姓一支的老派字行为："传家惟孝友，华国本诗书。"新续字行为："鼎亨延世祚，恒业守丕基。"

· 历史名人 ·

陆贾：西汉著名政论家、辞赋家。主张以儒学为主，辅以"无为而治"的老庄思想，作为巩固政权的工具。著有《新语》。

陆探微：苏州（今属江苏省）人，南朝宋时著名画家。精于肖像画，与顾恺之并称"顾陆"。所绘人物"骨秀神清，严正生动"，又因笔势连绵不断，有"一笔画"之称。

陆游：山阴（今浙江省绍兴）人，南宋杰出诗人，官至宝章阁待制。一生所著多为忧国忧民之篇，如《关山月》《书愤》《农家叹》《示儿》等。

· 繁衍变迁 ·

陆姓发源于今山东，早期以此为中心向四周传播。西汉时，有陆姓人迁居今江苏吴县、江西南昌等地，后逐渐遍布今河南、湖南等省。魏晋南北朝时，鲜卑步陆孤氏改姓陆，陆逊担任孙吴政权家族的大都督，使南北方的陆姓家族阵容都得到了更大规模的发展。盛唐时期,陆姓家族的势力呈巩固加强之态,在此期间,有陆姓人入今福建。宋元至明清时期,陆姓人已广布于南北方各地,进而延伸至中国台湾、新加坡等地。

五十八 汪

· 姓氏来源 ·

①出自漆姓。帝舜时,在今浙江武康地区活跃着一支防风氏部落,姓釐,守封、禺二山。夏朝时,其国君被禹所杀,族人大部分被迫向北转移,与句芒氏合婚,改名汪芒氏(汪罔氏),改姓漆。周朝时,他们又向北转移融入长狄之中。春秋时,他们在今山东北部的博兴建立了长翟国。在此前后,也有一部分人重新迁回了祖居地武康。《鲁语》载:"客曰:'防风氏何守也?'仲尼曰:'汪芒氏之君也,守封、禺之山者也,为漆姓,在夏、商为汪芒氏,于周为长狄。'"又注解道:"汪芒,长狄之国名也。"长狄,亦即长翟,是古代狄族的一支,与汉族无深密的渊源,但在长期的往来中,逐渐与汉族融合了。汪芒氏的后代,后多改为汪姓。他们已传承了四千多年。

②出自姬姓,为周公姬旦之子伯禽之后。据《姓氏考略》《汪姓缘起考》等载,春秋时,伯禽的后裔鲁成公(前590-前573年在位)的庶子汪,食采于平阳(今山东新泰县西北),其子汪诵以父之字为氏。此支汪姓,已传承了两千六百多年。

③据《希姓录》所载,汉置汪陶县(今山西山阴东),居者或以汪为氏。

④由翁氏分化而来。据史料记载,五代时泉州(今属福建)有翁乾度,生有六子,分姓洪、江、翁、方、龚、汪六姓,六子处休分姓汪。这兄弟六人同为进士,地位非常显贵,

六桂堂的堂号由此得名（六桂堂是该姓著名的堂号），时有"六桂联芳"之誉。

⑤源自少数民族改姓或少数民族固有姓氏。如金时女真、元时翁观部有改汪姓者，今满、回、蒙古、土家、锡伯、东乡等民族均有此姓。

· 郡望堂号 ·

郡望

平阳郡：今山西霍州以南的汾河流域及其以西地区，三国时置郡。

新安郡：今浙江淳安以西，安徽新安江流域、祁门等地，晋时置郡。

堂号

越国堂：唐代汪华受封越国公，因而有此堂号。

忠勤堂：明代汪广泽受封为忠勤伯，因而有此堂号。

· 宗族特征 ·

汪姓源于北而盛于南，是典型的南方姓氏。见于史籍的汪姓名人，主要出自隋代以后，以清代为最多，多为人和善，助人为乐。汪姓人的字行辈分排列有序，如江苏丹阳汪姓一支的字行为："文士仲生云，人广孟锦位，洪和汉廷承，会声进允舜，元福廷。"

· 历史名人 ·

汪文升：长洲（今江苏省苏州）人，清代诗人、书法家。康熙进士，工诗、古文，尤善书法，与姜宸英齐名，与两兄一弟合称"吴门四汪"，著述甚丰。

汪士慎：休宁（今属安徽省）人，清代著名书画家，扬州八怪之一。善诗，精篆刻和隶书，工画花卉，尤善画梅，笔墨清劲，有《巢林集》传世。

· 繁衍变迁 ·

汪姓发源于今浙江武康、山东博兴、山西等地。其中武康一支的播迁情况大致是，先至今江苏，后至今江西和安徽。而另两支则成了汪姓人在北方的繁衍主力。东汉时，有汪姓人入居新安（今浙江省衢州市一带）。南朝时，有汪姓一支从新安迁到今安徽歙县。隋初，有一支迁至今河北河间。唐初，有汪姓人入今福建。唐以后，今江西、贵州、福建和两广的汪姓人多迁自今安徽。两宋时，汪姓成为全国著姓之一，尤其称盛于今安徽、江西。明初，汪姓人的足迹已扩展至今两湖、河南、山东、天津、东北三省等地。自清康熙年间起，今福建、广东境内的汪姓人陆续有移民台湾、远播海外者。

五十九 范

· 姓氏来源 ·

①出自祁姓，为帝尧（姓伊祁，或曰姓祁）裔孙刘累之后，以封邑名为氏。据《古今姓氏书辩证》和《元和姓纂》所载，帝尧裔孙刘累事夏王孔甲，被赐姓御龙，其后代豕韦氏商末时建国于唐（今河北省唐县）。周成王时唐国被灭，唐国国君被迁往杜（今陕西西安东南），为杜伯。后杜伯无罪被杀，其子奔晋为士师，其玄孙士会因功被封于范（今河南省范县），子孙遂以封邑名为氏。

②出自芈姓。楚穆王（楚国国姓为芈）时的大夫范山、楚灵王时的大夫范无宇，后代都有以范为姓者。

③出自改姓。晋时，林邑（古国名，亦称占城，故地在今越南中南部）的王范文，改汉姓范。他后来成了林邑王，使得这支范姓迅速壮大。金时女真人字鲁术氏，汉姓有三，其一为

范。清朝满族的范佳氏、博都里氏均改姓范。

④出自少数民族。今彝、阿昌、土家、蒙古、回等少数民族中均有范姓。

·郡望堂号·

郡望

南阳郡：今河南省熊耳山以南叶县、内乡县间和湖北省大洪山以北广水市、陨县间地。战国秦昭王时置郡。

高平郡：治所在今宁夏回族自治区固原市。北魏时置郡，北周改为平高郡。

堂号

后乐堂、芝本堂、永思堂、敦本堂等。

·宗族特征·

范姓是一个辉煌的巨族著姓，并且范姓家族有一个非常显著的特点，就是对于自己宗族的发展源流十分清楚；范姓人的始祖，在得姓之初已显赫万分，是曾经左右早期政治的世家之一。范姓家族字行辈分排列有序，分支清晰，如由范仲淹编定的中原地区范姓人的字行为："仲纯正直公，良士宗文伯，叔子希昌彦，友善可弥安。"

·历史名人·

范蠡：字少伯，春秋楚国宛地三户（今河南省淅川）人。辅佐越王勾践20余年，苦身戮力，助勾践灭吴。功成身退至陶（今山东省定陶西北）经商，操计然之术以治产，因成巨富，自号陶朱公。

范增：秦末居巢（今安徽省巢湖市）人，项羽的谋士，辅项羽称霸诸侯，被项羽尊称为"亚父"。后项羽中反间计而疑范增，范增遂弃项羽而去，疽发于背而卒。

范仲淹：字希文，苏州吴县（今江苏省苏州市吴中区）人，北宋政治家、文学家。勤政廉洁，政绩显著，享有"朝廷无忧有范君，京师无事有希文"的盛誉。其名作《岳阳楼记》中的"先天下之忧而忧，后天下之乐而乐"，为传世名句。后人辑有《范文正公集》。

· 繁衍变迁 ·

范姓发源于今河南范县。春秋末，原籍今河南南阳的范蠡因仕宦而定居于今湖北。晋国六卿争位时，六卿之一的范氏为智氏所灭，此后有范姓人徙居南阳、顺阳（今河南省内乡县）。三家分晋后，范姓人居于今河南、河北、山西。秦汉之际，范姓人已徙至今安徽、四川、浙江、江西等地。西汉中叶，有范明友受封平陵（今山东省历城）侯。东汉末年，有范姓人迁居钱塘（今浙江省杭州）和今山西大同。西晋，有范姓人迁至丹阳（今安徽省当涂县丹阳镇）等地，后又有移居今甘肃敦煌、派生出怀州（治所在今河南省沁阳）范姓者。唐时，有河内县（今河南省沁阳）人范坤举家迁至今浙江杭州、江苏南京和福建，成为范姓人入今福建的始祖。宋时，有今福建境

范仲淹

内的范姓人移居今广东。明洪武年间，有范姓人入今辽宁沈阳。清时，范姓人有在今北京繁衍昌盛者。

六十 金

· 姓氏来源 ·

①为少昊金天氏之后。少昊是上古五帝之一，是黄帝的己姓子孙，死后被尊为西方大帝。按照古人的五行学说，西方属金，所以少昊又有金天氏的称号。其后裔有以金为姓者，称金氏。

②出自赐姓。汉武帝时，匈奴休屠王的儿子日，归顺于汉室。由于休屠部曾铸铜人像（又称金人）以祭天，日遂被赐姓"金"氏，称金日；明永乐年间，成祖伐漠北，蒙古王子也先土干率妻子部署来降，被赐姓金氏。

③出自改姓。唐末五代时，吴越国开国之王钱镠因"镠"与"刘"为同音字，为了避讳，便将吴越国中的刘氏改为金氏。宋时有金履祥，本为刘氏，后改为金。清代文学评论家金圣叹，本姓张，后改姓金。

④其他来源。南北朝时羌族中有金姓；唐时新罗（今朝鲜半岛）国王姓金；清代爱新觉罗子孙中多有姓金者。

· 郡望堂号 ·

郡望

彭城郡：治所在今江苏徐州市，西汉改楚国为彭城郡。

京兆郡：治所在今陕西西安市西北，三国时置郡。

堂号

丽泽堂：宋朝金履祥擅长濂洛之学，曾在丽泽书院讲学，因而有此堂号。

· 宗族特征 ·

　　金字意为坚忍不拔、真金不怕火炼，这也正是金姓人世代追求的高尚品质。金姓人多源自改姓及少数民族，历代多有名人见诸史册，尤以明、清二朝为最。金姓家族的字行排序严谨，字意韵长，清代金润祥所修《金氏家谱》内记载山东金姓的一支字行为："尚祖承宗，安学绪业，宝家润华。"

· 历史名人 ·

　　金幼孜：明朝官吏。明成祖时多次随军北征，撰有《北征前录》《北征后录》。明宣宗时奉命修永乐、洪熙两朝实录，任总裁官。卒谥文靖。

　　金农：清代书画家兼诗人，"扬州八怪"之一。善诗文，精于鉴别金石、书画。工隶书，尤以楷书自创一格，号称"漆书"。

· 繁衍变迁 ·

　　金姓发源地较多，少昊自穷桑（今山东省曲阜北）登帝，后徙今曲阜。新罗与高丽、百济并立，其国王姓金。金日家族居住在长安（今陕西省西安），累世官宦。南北朝时，金姓人有迁至今甘肃境内者。唐朝，金姓为成都三姓、临汾四姓之一。宋至明，南方的金姓人分布在今浙江、江苏、江西、安徽、湖南、湖北、福建、广东等省，今北方的河南、河北、辽宁等省也都有金姓人的聚居点。从清朝嘉庆年间开始，今福建、广东境内的金姓人氏陆续有迁至台湾或徙居海外者。

六十一 石

· 姓氏来源 ·

　　①出自姬姓，为石碏的后裔。据《元和姓纂》《春秋公

子谱》等载,春秋时卫康叔姬封的七世孙石碏,是卫国(都城在今河南濮阳市五星乡高城村)的贤臣。卫桓公二年(前733年),桓公之弟州吁骄奢,被桓公撤去将军之职,出奔国外。十几年后,州吁领着党徒回国刺死桓公,自立为君,拜同谋的石碏之子厚为大夫。后石碏设计杀死了州吁和石厚,迎立桓公之弟公子晋为国君。《春秋》称赞石碏说:"石碏纯臣也,恶州吁而厚与焉,大义灭亲,其是之谓乎?"厚的儿子骀仲,以祖父的字命氏,称石氏。

②出自子姓和姬姓,以字为氏。据《春秋公子谱》载,春秋时宋国(都城在今河南省商丘)有公子段(子姓),字子石;郑国公子丰(姬姓)有子名公孙段,字石癸。二者的后世子孙皆以祖字为氏,称石氏。

③隋唐时期的"昭武九姓"之一。隋唐时,西域石国(今乌兹别克斯坦塔什干一带)有人迁居中原,改为石姓。

④源自少数民族改姓或少数民族固有姓氏。北魏时鲜卑族乌石兰氏,金时女真人斡勒氏、石盏氏等改为石姓;今侗、水、阿昌、满、拉祜、回、土家、东乡、黎、羌、蒙等民族亦有此姓。

· 郡望堂号 ·

郡望

武威郡:治所在今甘肃民勤东北,汉时置郡。

渤海郡:治所在今河北沧州一带,汉时置郡。

堂号

徂徕堂:宋朝石玠,徂徕(今属山东省泰安是)人,官国子直讲(国子监的教授)。他写文章批评时政,毫无顾忌,升太子中允,作《庆历圣德诗》,人称"徂徕先生",因而有此堂号。

· 宗族特征 ·

石姓来源既有汉族,又有少数民族,其字行辈分排列有序,如河北乐亭石姓人一支的字行为:"宣慈庆德,书品忠正,敦贻万惠。"

· 历史名人 ·

石延年:商丘(今属河南省)人,宋代著名文学家。官至太子中允,能诗,其诗风劲健,为欧阳修所推崇;善书,笔画遒劲,颜筋柳骨,且其字愈大愈奇。著有《石曼卿诗集》。

石玉昆:清代子弟书(因首创者为八旗子弟而得名,为清代的一种戏曲形式)演员,擅长《龙图公案》。演唱时自弹三弦自唱,其唱调被称为"石韵"、"石派书"。

石达开:贵县(今广西壮族自治区贵港市)人,太平天国的翼王。有勇有谋,屡败清军。亦能诗文,工书,风格酷似颜真卿。天京事变后,因不被信任负气出走,转战数省。1863年兵败大渡河,自投清军以全三军,后于今四川成都被杀。

· 繁衍变迁 ·

石姓发源于今河南北部一带,最初主要向今山东播迁。秦汉以前,石姓人在黄河中下游地区繁衍,并有徙居江南者。汉代时,石姓人已播迁至今山东北部、河北南部及河南的黄河以北地区。魏晋南北朝时,石姓人昌盛于今河北、山东、甘肃、山西、河南。唐初,有石姓人散居今福建、广东各地。唐元和年间,有今山东境内的石姓人徙居今江苏扬州。明初,石姓人作为洪洞大槐树(今属山西省)迁民之一,在今山东、河北、河南、北京、天津、陕西、甘肃等地落籍。此时,有许多今福建境内的石姓人渡海赴台或远播海外。

六十二 廖

· 姓氏来源 ·

①出自己姓。据《左传》《风俗通义》等载,帝颛顼有己姓后裔叔安,夏朝时被封于(廖)国(又作蓼国,今河南唐河县湖阳镇),故称(廖)叔安。西周初,(廖)国为周吞并。其后代以国名为氏,称廖氏。

皋陶

②出自姬姓。据《广韵》《姓氏考略》等载,周文王姬昌有子伯廖,受封于廖邑(即古廖国旧址),其后裔以邑名为氏,称廖氏。

③据《潜夫论》载,尧、舜的贤臣皋陶的后裔夏朝时受封于蓼(今河南省固始县),后于春秋时分为英、立等小国。楚穆王四年(前622年)灭英、立二国,二国子孙有廖(蓼)有氏。

④为缪、颜二姓所改。商纣王执政时,残酷无道,缪、颜二姓人有隐居于黄河西北者,改姓为廖。

⑤出自张姓,入赘廖家而改姓。据《廖氏大宗谱》载,明朝时有张元入赘廖家,改姓廖,其子孙遂为廖姓。

⑥出自赐姓或少数民族姓氏。清乾隆二十三年(1758年)赐高山族七姓,其一为廖;仫佬、瑶、水、苗等民族均有廖姓。

·郡望堂号·

郡望

汝南郡:今河南颍河、淮河之间,京广铁路西侧一线以东,安徽茨河、西淝河以西,淮河以北地区,汉时置郡。

巨鹿郡:治所在今河北平乡西南,秦时置郡。

堂号

果烈堂:三国时蜀将廖化,曾为关羽主簿,做事果敢刚烈,因而有此堂号。

紫桂堂:宋代朝清郎兼英州知府事廖君玉曾在桂山建书房,名为"紫桂堂",因而有此堂号。

·宗族特征·

廖姓源于北方,但逐渐演变为南方姓氏,家族名人横贯政、经、文、史等领域,在近现代史上表现尤其出色。廖姓人的字行辈分排列规整,读之令人肃然。如江苏廖姓一支的字行为:"清善正坚,明良式发,和平希廷,兴家昌国。"

·历史名人·

廖刚:号高峰,顺昌(今属福建省)人,宋朝文学家、政治家、思想家、军事家。北宋崇宁年间(1102-1106年)进士,甚得皇帝倚重,官至工部尚书。著有《高峰文集》。

廖云锦:女,清代华亭(今上海市松江)人,善诗,著有《织云楼诗稿》。其诗作《咏秋燕诗》中"伤心春雨香泥尽,羡尔先归到故乡"的诗句广为人们吟咏。

·繁衍变迁·

廖姓发源于今河南,秦汉之际始有族人迁往今河北等周边地区。魏晋南北朝时,北方的廖姓人大举南迁至今湖北、四川、浙江、福建等地,并有入今甘肃者。唐朝时,廖姓人更广泛地散居于今福建各地,并有迁居今江西者。宋代,廖姓已是今福建一带的大姓,至宋末时有入今广东者。明代,洪洞大槐树(今属山西省)籍的廖姓人被分迁于今河北、河南、江苏、北京等地。清代,有今福建、广东境内的廖姓人迁入台湾,或有进而移居泰国、新加坡等地。

六十三 贾

·姓氏来源·

①出自姬姓,为贾伯之后。据《元和姓纂》及《新唐书·宰相世系表》载,西周时,周成王的弟弟唐叔虞(姬姓),被封于唐(今山西省翼城)不久,唐叔虞的少子公明又被成王之子康王封于贾(今山西省襄汾西南),建立了贾国,号为贾伯。春秋时贾国为晋国所灭,贾伯公明的后裔以国名为氏,称贾氏。

②出自狐偃之后,以邑名为氏。据《姓氏考略》和《通志·氏族略》等有关资料所载,春秋时,晋文公重耳灭贾国后,其子晋襄公把贾地赏给辅佐晋文公称霸的狐偃之子狐射。射字季他,故又称贾季、贾他。襄公去世后,晋国在立襄公的哪个弟弟为君上发生了争斗。贾季为避祸便逃亡翟国,其子孙便以贾为氏,称贾氏。

晋文公

③源自少数民族改姓或少数民族固有姓氏。裕固族贾鲁各氏、满族嘉佳氏改姓贾。满、彝、苗、土家等民族均有此姓。

·郡望堂号·

郡望

武威郡：治所在今甘肃民勤东北，汉元狩二年（前121年）以原匈奴休屠王地置郡。

长乐郡：治所在今河北冀州，北魏时置郡。

堂号

至言堂：汉时贾山博览群书，向朝廷上奏谈治乱之道，借秦的灭亡做比喻，名为"至言"，因而有此堂号。

·宗族特征·

贾姓名人在历史上不断涌现，且分布于政治、经济、文化、科技等各个领域。贾姓族人精于审时度势，繁衍播迁、居住地迁移早在先秦时期就已开始。贾姓家族宗谱续修严谨，十分讲究，字行辈分排列有序，如贾其恒等修《贾氏宗谱》中记载镇江（今属江苏）贾姓一支的字行为："沛泽如春，聿修祖德，积善为宝，克振家声。"

·历史名人·

贾谊：洛阳（今河南省洛阳东）人，西汉政论家、文学家，曾任大中大夫、太傅。主张削弱诸侯国势力，巩固中央集权，重农抑商。其所著政论《陈政事疏》《过秦论》等为当今研究秦汉历史的重要资料。

贾谊

贾诩：武威（今属甘肃省）人，三国时魏国谋臣，善计谋，被当时的名士阎忠称为有"良、平（指张良、陈平）之奇"。

贾思勰：益都（今属山东省）人，北魏农学家，曾任北魏高阳郡（治所在今山东淄博市临淄西北）太守。他通过搜集资料、观察试验写成的《齐民要术》一书，是一部百科全书式的综合性农书，不仅是我国现存最早最完整的农书，也是世界农学史上最早的专著。

· 繁衍变迁 ·

贾姓发源于今山西襄汾县西南，先秦时期开始进入今河南、山东等省。秦汉时期，贾姓家族的势力不断发展壮大。三国两晋南北朝时，贾姓人大举南迁，辗转分布于今江苏、浙江各地。唐末，为避战祸，贾姓族人几次南迁，进入今福建、广东、湖北等省，与南方各姓融合发展，进入发展的鼎盛阶段。元明清时，贾姓人在国内不断发展、播迁，并有部分移居于海外，最终成了我国乃至世界范围内较大的族系。

六十四 夏

· 姓氏来源 ·

①出自姒姓。上古时，禹治理了水患，指导百姓兴修沟渠，发展农业，还领兵平定了三苗之乱，使人民得以安居乐业。为了表彰他的丰功伟绩，舜赐姒姓于他，封他于夏（今河南省登封县东），后来还把帝位传给了他。禹死后，其子启继位，建立了中国历史上第一个奴隶制国家——夏朝。后传至桀时，因其暴虐无道而被商汤推翻，夏王族便以国名为氏。

②出自姒姓。周朝初年分封诸侯，夏禹的后裔东楼公受封

于杞（今河南省杞县），为杞侯。至杞简公在位时，杞国被楚国所灭，简公之弟佗出奔鲁国。鲁悼公因佗为夏禹的后裔，便封他为夏侯。佗的后裔以夏为姓，称夏氏。

③出自妫姓，以王父（即祖父）字为氏。西周初年，帝舜之后妫满受封建立陈国，建都宛丘（今河南省淮阳），以奉帝舜之宗祀，史称胡公满、陈胡公。春秋时，传至第十六位君主陈宣公杵臼时，有庶子名子西，字子夏。子夏之孙征舒以王父之字为氏，称为夏征舒，其后遂有夏氏。

④源自改、赐姓或少数民族固有姓氏。高山族哈也湾氏改姓夏；明时蒙古人齐噜台被赐名夏贵；土家、蒙、回、满等民族也有夏姓。

· 郡望堂号 ·

郡望

会稽郡：治所在今江苏苏州市，秦始皇时置郡。

谯郡：治所在今安徽亳州，东汉时置郡。

堂号

平水堂：夏禹治水13年，三过家门而不入，终于治平水患，并得以继承帝位，因而有此堂号。

· 宗族特征 ·

夏姓发源于中原，经改朝换代，战乱迁徙，逐渐变为南方姓

氏。夏启建立了中国历史上第一个奴隶制国家，开创了更朝换代之历史新局面。夏姓家族多出文学艺术及学术人才，名人典故千古流传。夏姓人的字行辈分多寄寓着族人企盼国兴家宁、政清人和的美好愿望。

· 历史名人 ·

夏圭：南宋画家。早年工人物画，后以山水画著称，与马远并称"马夏"。画风洒脱，融合李唐、范宽与米芾的画法，用秃笔带水作大斧劈皴，构图多作半边或一角之景，时称"夏半边"。

夏燮：当涂（今属安徽省）人，清代史学家。不满清政府卖国行径，强烈抗议外敌入侵，赞赏国人反抗精神，著有《中西纪事》一书。

· 繁衍变迁 ·

夏姓发源于今河南，早期繁衍于中原一带，并逐渐向西、北扩展，进入今山东等地。秦汉时，今江西、江苏、浙江等南方地区有夏姓人迁入。魏晋南北朝之际，夏姓人大举南迁，这一时期以今浙江境内的夏姓家族最为昌盛。唐代是夏姓家族蓬勃发展的时期。宋代以后，荣载史册的夏姓名人比比皆是。明初，有洪洞大槐树（今属山西省）夏姓人被分迁于今浙江、江苏、安徽、河南等地。清末有今福建、广东等地的夏姓人渡海入台，或辗转新加坡等地。

六十五 韦

· 姓氏来源 ·

①出自彭姓，为颛顼高阳氏大彭氏之后裔，以国名为氏。《元和姓纂》、《新唐书·宰相世系表》等载，夏朝少康当政时，封颛顼高阳氏大彭氏的别孙元哲于豕韦国（在今河南滑县

东南)。豕韦国又称韦国,其国君在商代称韦伯。豕韦在夏末灭于商,子孙四散,以国为氏,称豕韦氏或韦氏。彭姓韦氏的历史至少有三千两百年。

②出自韩姓,为汉初韩信的后裔,为避难简改为韦氏。西汉初年,功臣韩信为吕后所杀,韩信一族险遭灭门之灾,萧何暗中派人将韩信的儿子送往南粤(今广东省、广西壮族自治区一带)躲避。韩信的儿子为了避难,以"韩"字的半边"韦"作为姓氏,此后世代相传下来。

③据《汉书·西域传》所载,汉代西北少数民族中疏勒国(今新疆维吾尔自治区喀什市)有韦姓。

④出自赐姓。据《唐书·桓彦范传》所载,桓彦范因功受赐韦姓,其后人以韦姓自居。

⑤清朝时广西庆远府(今广西壮族自治区河池市)、贵州贵阳府定番州(今贵州黔南布依族苗族自治州惠水县)、湖北施南府(今湖北恩施土家族苗族自治州)和今海南东方市的少数民族中有韦姓;仫佬、苗、瑶、水等许多少数民族均有韦姓。

· 郡望堂号 ·

郡望

京兆郡:治所在今陕西西安西北。秦朝设置内史官,汉以原秦内史地置京兆尹、左冯翊、右扶风为三辅。三国魏时改京兆尹为京兆郡。

堂号

扶阳堂:西汉时的大儒韦贤,本始初年官居丞相,受封扶阳侯,于是其后代以"扶阳"为堂号。

· 宗族特征 ·

韦姓家族以勇武果敢、讲究节义著称,曾经涌现出众多的军政名人。韦姓是典型的北方姓氏,北方人口多于南方。韦姓家族自有其排列有序的字行,如现代人韦靖所纂修的《韦氏家谱》中载,广东中山韦姓一支的字行为:"永乾佑宁嘉,延国安靖始。"

·历史名人·

韦睿:京兆杜陵(今陕西省西安东南)人,南朝齐末为上庸太守,梁时历任豫州刺史、雍州刺史、护军将军等职。因多次率军大败北魏军,而被魏人称为"韦虎"。

韦应物:唐时京兆万年(今陕西省西安)人,著名田园诗人。官至滁州、江州、苏州刺史,后人集其著作成《韦苏州集》。

韦庄:字端己,长安杜陵(今陕西省西安东南)人。唐至五代时诗人、词人,官至吏部侍郎兼平章事。著有《浣花集》,所作《秦妇吟》长诗,尤闻名于世。

·繁衍变迁·

韦姓发源于今河南。豕韦灭国后,一部分国人向北迁移,至今东北地区变成室韦族。一部分向西北迁移,散居于陕甘地区。至汉代,韦姓人已分布于今河南、山东、陕西、山西、河北等地。三国两晋南北朝时,韦姓人除部分躲避战乱南迁外,大部于北方繁衍生息。隋唐时期,韦姓人的繁衍以"京兆郡"(今陕西省

韦应物

一带）为盛，同时，有南迁于今江苏、四川、安徽等地者。经五代十国至宋、元、明、清，韦姓人陆陆续续又有南迁者。

六十六 方

·姓氏来源·

①据《风俗通义》《世本》载，上古神农炎帝的十一世孙即八代帝榆罔的长子名叫雷，因在黄帝伐蚩尤时，立功被封于方山（今为河南省禹州市），称方雷氏，其子孙分为雷姓和方姓。

②出自姬姓，以祖字为氏。据《元和姓纂》及《通志·氏族略》等所载，西周后期宣王时，有一位大夫姬方叔，在征伐淮夷、猃狁，特别是平息南方荆蛮的叛乱中居功至伟，为周室的中兴立下了大功，被周宣王封于洛（今河南省洛阳），其子孙以其字为氏。后世不少方姓宗谱都采用了"周大夫方叔之后"的说法。

③出自姬姓，为翁姓所分。据《元和姓纂》所载，宋初有泉州（今属福建省）人翁乾度（姬姓后裔），生有六子，皆进士，分姓洪、江、翁、方、龚、汪六姓。

④今满、蒙、傣、回、土家、朝鲜、高山等民族均有此姓。

·郡望堂号·

郡望

河南郡：治所在今河南洛阳市东北，汉高祖二年（前205年）改秦三川郡置郡。

新安郡：西晋时置郡，治所在今浙江淳安县西，后移治安徽歙县一带。

堂号

正学堂：明朝大儒方孝孺，惠帝时入京做侍讲学士，其书斋名为"正学堂",故人称"正学先生"。因而有此堂号。

· 宗族特征 ·

方姓历史悠久,名人精英层出不穷,其中颇多刚烈之士,爱憎分明,舍生取义,宁折不弯;亦多文人学士,书香门第,满腹经纶,诗书传家蔚然成风。方姓家族字行辈分排列有序,如1915年方建忠纂修的《方氏家谱》中载,江苏通州(今江苏南通)方家村方姓一支的字行为:"应克先人志,荣光兆泰和。"

· 历史名人 ·

方岳:字巨山,号秋崖,新安祁门(今安徽省黄山市祁门县)人,宋代词人。曾为文学掌教,后任袁州太守,官至吏部侍郎。诗作多描写农村生活与田园风光,词多抒发爱国忧时之情,风格清健。著有《秋崖集》《秋崖词》。

方回:歙县(今属安徽省)人,元朝文学家,倡江西诗派一祖(以杜甫为一祖)三宗(黄庭坚、陈师道、陈与义为三宗)之说。曾编《瀛奎律髓》,评选唐宋以来的律诗,今存《桐江集》传世。

方苞:桐城(今属安徽省)人,清代桐城派的创始人,古文大师。著有《望溪先生文集》《集外文》《集外文补遗》《狱中杂记》《左忠毅公逸事》等。

· 繁衍变迁 ·

方姓发源于今河南。西汉末年,有方姓人迁移到今安徽,并繁衍播迁于今江西九江、福建莆田等地。隋唐以前,今山东、山西及其他的北方地区,都有方姓居民。唐初,有方姓自今河南入今福建,落籍漳州(今属福建省)。宋元之际,有方姓人为避乱迁至琼州(今海南)定居。明初,方姓作为明朝洪洞大槐树（今属山西省）迁民姓氏之一，被分迁至今河南、河北、山东、安徽、陕西等地。清初，有今福建、广东境内的方姓人入台，乃至远播海外。

六十七 白

· 姓氏来源 ·

①出自芈姓。据《元和姓纂》《尚龙录》等载，颛顼的芈姓后裔中有白公胜，被封于白邑（今河南省息县包信镇东南），其子孙以封邑名为氏，称白氏。

②出自姬姓。据《元和姓纂》《新唐书·宰相世系表》等载，春秋时有秦国（辖今陕西省西部）大夫白乙丙（姬姓后裔），其后人以其名讳为氏，称白氏。

③据《姓氏寻源》《元命苞》载，炎帝有大臣名白阜，精通水脉，为疏通水道作出了贡献。其子孙以祖名中的"白"为氏，称白氏。

④以地名为氏。据《姓氏考略》载，唐置白州（今广西壮族自治区博白县一带），居其地者以地名为氏，称白氏。

⑤出自赐姓。元时西域纥城人察罕，明时蒙古人北斗努、阿都拉、伯嘉律等人被赐姓白。

⑥古代留居开封（今属河南省）的犹太人的后裔中有白姓。

⑦源自少数民族改姓或少数民族固有姓氏。回族伊白来（拉）金欣的后裔，取其祖名中的白字立姓；据《台北县氏族略》载，唐代突厥人白元光系改姓而来；裕固族斯娜氏、阿克达塔尔氏、巴依亚提氏、鄂伦春白依尔氏，土族白彦氏，汉姓均为白；今高山、佤、东乡、苗等族中均有白姓。

· 郡望堂号 ·

郡望

太原郡：今山西五台山和管涔山以南、霍山以北地区，战国秦庄襄王时置郡。

南阳郡：今河南熊耳山以南叶县、内乡县间和湖北大洪山以北广水市、陨县间地，战国秦昭王时置郡。

堂号

治生堂：源自战国时白圭。他曾经说："人弃我取，人取我予，吾治生犹伊、吕之治国，孙吴之用兵。"因此天下所有论治生者，皆推白圭做祖师。故有此堂号。

· 宗族特征 ·

"白"有纯洁之义，象征品德高洁，白姓族人莫不以此严于律己，以家规家训克己昌明，白姓家族也因此得以世代流芳。白姓是典型的北方姓氏，其名人多文坛俊秀，字行辈分亦文采飞扬。如河北沧州白姓一支的字行为："玉寿克显，云亭松平，品宏茂令。"

· 历史名人 ·

白居易

白居易：太原（今属山西省）人，晚年居洛阳香山，为"香山九老"之一。唐代大诗人，文学家，新乐府理论的创建者。其著作多讽喻时政，反映人民疾苦，如《卖炭翁》《重赋》等。

白玉蟾：闽清（今属福建省）人，宋代名士，诏封紫清真人。他博览群书，善书，工画，著有《海琼集》等。

白朴：隩州（今山西省河曲）人，元代戏曲家，与关汉卿、马致远、郑光祖并称"元曲四大家"。其作品多歌颂自由恋爱，有《梧桐雨》《东墙记》等，《墙头马上》为其代表作。

·繁衍变迁·

白姓发源于今陕西、河南。秦时，白仲被秦始皇封于今山西太原，其子孙遂世居其间。魏晋南北朝之际，留居于今山西太原的白仲之后成为当地望族，而迁至今陕西韩城和渭南、湖北襄樊、河南洛阳者也都繁衍旺盛。隋唐时，白姓家族更趋繁茂庞大，尤其是在今河南各地最盛。宋元时，白姓族人广有为避战祸而迁往南方者，但仍以北方为主要居住地。明初，洪洞大槐树（今属山西省）籍的白姓人分迁于今山东、河北、河南、陕西、北京、天津等地。自清初起，居于今福建、广东的白姓人陆续有入居台湾或远播海外者。

六十八 邹

·姓氏来源·

①为蚩尤之后。据《拾遗》载，蚩尤的子民被迁于邹屠，其后子孙以邹屠为氏，后又分出邹姓、

越王勾践

邹姓。

②为越王勾践之后。《史记·东越列传》载,闽越王无诸及越东海王摇,皆为越王勾践之后,姓驺。据有关学者考证,驺亦作邹。

③出自子姓,为微子启之后。据《史记·殷本纪》、《元和姓纂》所载:公元前11世纪,殷纣王庶兄微子启(子姓)被周平公封于宋国(今河南省商丘一带)。传至宋愍公时,其孙考父,食采于邹邑(今山东省邹城市东南),其后子孙以封邑为氏。

④出自曹姓,以国名为氏。《说文解字》、《姓氏考略》载,颛顼帝后裔挟(曹姓)建立邾娄国(今山东省邹城市)。战国时,邾娄国被鲁穆公改为邹国,后世子孙以国为氏。

⑤出自姚姓。舜(姚姓)之后有被封于邹国(今山东省邹平)者,子孙以国为氏。

⑥今满、回、土家、苗等民族均有此姓。

·郡望堂号·

郡望

范阳郡:今北京昌平、房山及河北涿州一带,三国时置郡。

太原郡:治所在今山西太原市西南,战国时置郡。

堂号

碣石堂:战国时期的邹衍,深通阴阳、盛衰、兴亡之道。燕昭王招贤,专门建造了碣石宫来招待邹衍。因而有此堂号。

·宗族特征·

邹姓是一个比较典型的南方姓氏。历朝历代人才辈出,到了近现代,爱国书生成为邹姓名人主体,如邹容、邹韬奋等。邹姓家族字行辈分排列有序。据清宣统二年(1910年)邹世浩所修《邹氏家谱》所载,九江(今属江西省)邹姓一支的字行为:"涵悟鹤寿,师信德茂,丰靖锦朗。"

· 历史名人 ·

邹衍:战国时齐国人,著名的思想家、阴阳家。他学究天人,雄于辩口,号"谈天衍"。创五行始终说,"深观阴阳消息",借以论述天道、世运的转移。

邹忌:战国时齐国大臣、政治家。任相期间,讽谏齐王进贤纳谏,整饬军容政纪,厉行法治。受封下邳(今江苏睢宁),号曰成侯。

邹韬奋

邹韬奋:原籍江西余江,生于福建永安。现代著名的新闻记者、政论家和出版家。曾因从事抗日救亡运动,被国民党政府逮捕入狱,为"七君子"之一。辑有《韬奋文集》。

· 繁衍变迁 ·

邹姓发源于今山东境内。秦汉时有一支迁至范阳(今河北保定一带),并在西汉以后逐渐迁至今河南邹坊,成为邹姓家族中较强的一支。汉代有邹廷任襄阳(今湖北省襄樊市)令,其后裔有迁雍州(今陕西中、北部,青海东北部,甘肃大部和宁夏回族自治区一带)者。东晋十六国时,邹姓人渡江南迁,定居于今江苏、浙江、安徽、江西等地。唐初,有邹姓人入今福建。北宋时已有邹姓人居于广东。南宋时,有泰宁(今属福建省)人邹应龙任参知政事,其子孙散居今福建、广东,以及广西乐平。现台湾邹姓人及侨居新加坡等国的邹氏华侨,主要是从广东、福建迁去的。

六十九 孟

· 姓氏来源 ·

①出自姬姓,为鲁桓公(鲁国都城在今山东曲阜)的庶子庆父(姬姓)之后。庆父与其嫂——鲁庄公的夫人哀姜私通。因哀姜没有子嗣,他便与哀姜密谋,欲立哀姜妹妹叔姜所生之子启为鲁庄公的继承人。但庄公死后,其弟季友按庄公的意愿立公子般为君,庆父便杀死公子般,立启为君,即鲁闵公,后又派人杀死闵公,欲自立。因此,鲁国人非常恨他,都说:"庆父不死,鲁难未已。"庆父非常害怕,逃到莒国。但莒国接受了季友的贿赂,欲把庆父送回鲁国。庆父绝望之下,便在归国途中自杀了。因庆父在庶子中排行第一,为避讳弑君之罪,庆父的子孙便改称孟孙氏(古代兄弟排行,庶长子称

"孟"），后又简化为孟氏。

②出自姬姓。春秋时卫国（都城在今河南省濮阳市）有孟絷，为卫襄公（姬姓）之子，卫灵公之兄，其子孙以王父（即祖父）字为氏。

③少数民族姓氏。金朝时女真族抹然氏，清朝时满族墨尔哲勒氏、墨尔迪勒氏、盟佳氏、穆颜氏、墨克勒氏等汉姓为孟；土家、蒙古、布依等民族均有孟姓。

· 郡望堂号 ·

郡望

洛阳郡：治所在今河南洛阳白马寺，东汉、三国魏、西晋、五代唐先后定都于此。

江夏郡：治所在今湖北云梦，汉高祖时置郡。

堂号

三迁堂：得名于孟子的母亲注意家庭教育，三迁其家，择邻而处，终使孟子成为圣人的典故。

· 宗族特征 ·

孟姓取排行第一而来，孟字又有勤勉、大之意，孟姓名人也多具有远大的理想和勤奋的精神。孟姓人主要以北方为聚居地，以山东为最。孟姓名人古已有之，孟子即为其中表率。孟姓的字行辈分参照孔姓而来，即："希言公彦承，宏闻贞尚衍，兴毓传继广，昭宪庆繁祥，协维垂佑，钦绍念显扬，建道敦安定，懋修肇益常，

孟子

裕文焕景瑞,永锡世绪昌。"

· 历史名人 ·

孟子:名轲,字子舆,邹国(今山东省邹县)人,战国时思想家,儒家代表人物之一,被誉为光大儒家仁政学说的"亚圣"。

孟浩然

孟浩然:襄州襄阳(今湖北省襄樊市)人,唐代杰出诗人,与王维同为盛唐田园山水诗派的主要代表,以诗风恬淡孤清著称,作品被辑为《孟浩然集》。

· 繁衍变迁 ·

孟姓发源于今山东、河南,族人早期播迁于今山西、河北、陕西等地。东汉时,原居于今陕西境内的孟光迁至吴(今江苏苏州),另有名士孟尝赴今浙江。魏晋南北朝之际,孟姓人大规模南迁,今山东境内的孟姓人多迁往吴越(今江苏、浙江一带);今河南境内的孟姓人多迁往楚汉(今湖北、江西北部一带)。五代时,邢台(今属河北)人孟知祥建后蜀政权,定都于今四川成都。宋元时期,孟姓人第二次大举南迁,以长江中下游地区分布较为集中。明代有孟姓人由洪洞大槐树(今属山西)移居今河南、河北、东北三省、天津等地。清代有孟姓人渡海入台、远播海外者。

七十 熊

· 姓氏来源 ·

①为黄帝后裔。据《世本》《古今姓氏书辩证》及《元和

姓纂》等所载，黄帝七世孙季连为芈姓。商朝末年，他的一个出生在楚国（今湖北一带）的叫鬻熊的后裔，做了周文王的老师。鬻熊的曾孙熊绎便以王父（即祖父）字为氏。

②为黄帝有熊氏之后。据《元和姓纂》所载，相传黄帝建都于有熊（今河南省新郑），故又称有熊氏，其后有以地为氏者，称熊氏。

③源自少数民族改姓或少数民族固有姓氏。苗族仡熊氏，汉姓为熊；普米族本牙氏，汉姓为熊；傈僳族以熊为原始图腾的氏族五饶氏，汉姓为熊；四川、甘肃地区白马人当纳氏、热惹氏、哑咕氏等，汉姓均为熊；今布依、彝、满、蒙古、瑶、阿昌、壮、土家等民族均有此姓。

· 郡望堂号 ·

郡望

江陵郡：今湖北江陵及四川东部一带，南朝齐时置郡。

南昌县：今江西南昌，汉代豫章郡治。

堂号

射石堂：古时有一位善于射箭的人叫熊渠。有一次他夜间走路，老远就看到前面有一只老虎趴在那里。他引弓便射，老虎却一动不动。他走近一瞧，"老虎"竟是一块大石头，箭头入石数寸，用手拔也拔不出，因而有此堂号。

· 宗族特征 ·

熊姓人对长江流域的开发作出了重要贡献：早在春秋战国时，熊姓先人就建立了楚国，率先开发了南方；而后熊姓人又长期繁衍于此，对造就两湖鱼米之乡居功至伟。熊姓人的字行辈分排列有序，如河南光山熊姓一支的字行为："继述承先绪，敦崇念本基，永怀钟有志，世泽定延之。"

· 历史名人 ·

熊安生：字植之，长乐阜城（今河北省阜城东）人，北朝经学家，北学代表人物之一。通"五经"，精"三礼"，沿袭东汉儒家经说，撰有《周礼》《礼记》《孝经》诸义疏。清代马国翰《玉函山房辑佚书》辑有《礼记熊氏义疏》四卷。

熊赐履：孝感（今属湖北省）人，清朝政治家、学者。累官至吏部尚书，治程、朱理学，认为可以用理学指导政治，强化思想领域的统治。著有《经义斋集》等。

熊希龄：凤凰（今属湖南省）人，苗族。光绪进士，授翰林院编修。甲午战争时因反对与日议和，被革职，戊戌政变时被禁锢。辛亥革命后，渐次拥护共和。

· 繁衍变迁 ·

熊姓发源于今湖北、河南等省。秦汉之际，有少数熊姓人散居于今河北、山东等地。魏晋南北朝时，熊姓人已迁入江南广大地区。唐宋年间，有熊姓人陆续迁至今江苏、浙江。南宋末年，有熊姓人自今江苏、浙江迁至今福建、广东。明初，熊姓人作为洪洞大槐树（今属山西省）迁民之一，被分迁于今河南、山东、河北、北京、天津、江苏、安徽、陕西等地。明以后，熊姓人陆续向今贵州、云南、四川、海南及广西壮族自治区迁徙，并有融入苗、水、布依、土家、阿昌等少数民族者。清代，熊姓人已散居全国，亦有熊姓人自今福建、广东渡海赴台，或迁居海外如新加坡等国。

七十一 秦

· 姓氏来源 ·

①出自嬴姓，以国名为氏。据《元和姓纂》与《史记》记载，

嬴姓之后、伯益裔孙非子被周孝王封于秦（今甘肃天水），建立了秦国。秦国经春秋争霸，战国称雄，至嬴政时灭六国，成一统。后来子婴归汉，秦朝灭亡，非子的子孙便以国为氏。

②出自姬姓，以邑名为氏。据《古今姓氏书辩证》记载，周朝时，有周公姬旦之子伯禽的裔孙，以鲁国公族大夫的身份食采（享用封邑的租赋）于秦邑（今河南省范县北），后遂以邑名秦为氏。

③《群辅录》《大姓源流》载："舜七友之一有秦不虚，曾并为雷泽之游一。"这说明上古帝舜时期已有秦姓。

④出自改姓。巴尔虎旗蒙古（历史上专指大兴安岭以西的草原地区）穆奇德氏，有改为秦氏者；金朝抹捻氏以及清朝穆颜氏，皆有改为秦氏者。

⑤西汉时，大秦（罗马帝国）人来中国，有的以"秦"为氏，与汉族通婚，从而成为秦姓一支。

· 郡望堂号 ·

郡望

天水郡：治所在今甘肃通渭西北，西汉元鼎三年（前114年）置郡。

太原郡：治所在今山西太原市西南，战国时置郡。

堂号

三贤堂："三"指多。因孔门七十二大贤中有秦祖、秦商、秦非、秦冉四位而得名。

· 宗族特征 ·

秦姓人在中国历史上向外播迁较早，并且广布于今天的多个省份；在秦姓家族史上，出现大量名人，并分布于各个领域之中；各支秦姓人字行辈分排列有序。清光绪十四年（1888年），秦振生修《秦氏家谱》，户县（今属陕西省西安市）

的秦姓一支的派语字行为："德富乐顺，树圣祥荣，振春承宗。"

· 历史名人 ·

秦琼：字叔宝，齐州历城（今山东省济南市）人，唐代名将，以骁勇善战闻名于世。后被民间奉为"门神"之一。

秦观：字少游，扬州高邮（今属江苏省）人，北宋时著名词人，被誉为"苏门四学士"之一，为婉约派的代表作家。著作有《淮海集》《淮海居士长短句》。

秦良玉：忠州（今重庆市忠县）人，明代著名女将，曾率兵在天启年间（1621~1627年）北上抗击后金（清），因保卫京师立功而受封。

· 繁衍变迁 ·

在我国的秦姓人主要分为西北部、东南部两支。前一支为颛顼嬴姓的后代，发源于甘肃天水故秦地。秦亡后，其后裔多

秦叔宝

居于今陕西等地。后一支为黄帝姬姓的后代，发源于今河南范县及山东曲阜一带，向今陕西省境内及湖北省播迁，后成为秦姓人繁衍的主流。

先秦时，秦姓人主要分布于今河南、陕西、山东、湖北、河北等省。西汉初，秦姓人有一支自鲁地（今山东省）徙居扶风茂陵（今陕西省兴县东北）。这支秦姓人人丁兴旺，官宦众多，世号"万石秦氏"。两汉至南北朝时期，秦姓人还分布于今甘肃、四川、山西等省。宋、元、明时，秦姓人有迁至今广西壮族自治区及安徽、贵州、福建、北京、上海等省市者，并有人移居海外。

万石秦氏

七十二 邱

· 姓氏来源 ·

邱姓的主源出自丘姓。清朝以前，丘姓人多而邱姓人少。清雍正时，诏命天下避孔子名讳（孔子名丘），改丘姓为邱姓。至民国初年，近代诗人邱逢甲倡议恢复丘姓，今广东、福建一带的邱姓人遂有复为丘姓者。于是，形成了今天邱姓人多而丘姓人少的局面。丘姓的来源主要有：

孔子

①出自姜姓，为姜太公的后裔。西周初年，姜子牙因辅佐周武王灭商有功，受封建立齐国（都城在营丘，今山东淄博市东北），号称齐太公，俗称姜太公。其子孙中有以地为氏者，称为丘氏。

②出自姒姓。夏帝少康（姒姓）的小儿子曲烈被封于鄫（今河南省柘城县北），建立了鄫国。至周灵王时，鄫国为莒国所灭。其子孙以国名"鄫"去邑旁而为曾氏，其后分支中有以丘为氏者。此即曾、丘联宗之说。

③以地名为氏。春秋时，陈国（开国君主是胡公满，妫姓）有宛丘（今河南省淮阳市），邾国（今山东省邹城市一带，开国君主传为颛顼的后裔挟，曹姓）有弱丘（今地失考），居者皆以丘为氏。

④源自少数民族改姓或少数民族固有姓氏。汉代少数民族乌桓族有丘氏。南北朝时，北魏孝文帝迁都洛阳（今属河南省）后，有鲜卑族复姓丘林氏、丘敦氏改为汉字单姓丘氏。

· 郡望堂号 ·

郡望

河南郡：治所在今河南洛阳东北，汉高祖时置郡。此支丘姓的开基始祖为丘穆。

吴兴郡：今浙江临安、余杭、德清一线西北，兼有江苏宜兴等地。三国时吴置郡，治所在今浙江湖州南，此支丘姓的开基始祖为丘俊。

堂号

文庄堂：明朝人邱浚，官礼部尚书，文渊阁大学士。著有《大学衍义补》一书，内容包括政治、经济、文化、教育、司法、军事等方面，博采前人议论，并加按语抒发自己的意见。他死后谥文庄，因而有此堂号。

· 宗族特征 ·

邱、丘二姓本同宗，邱姓主源于丘姓，历史上邱（丘）姓名人多见长于文艺诗歌方面。邱（丘）姓人的堂号多取之有典；邱（丘）姓人的字行辈分亦斟字酌义，颇有意味，如清代邱吉成所纂的《邱氏族谱》记载，商丘（今属河南省）邱姓人一支的字行为："元裕新德，圣传书宝，常荷国恩。"

· 历史名人 ·

丘光庭：吴兴（今浙江省湖州市吴兴区）人，五代十国时学者。在哲学上，坚持元气论，并据此解释潮汐成因及世界的物质统一性。著有《海潮论》等。

丘处机：登州栖霞（今山东省烟台市栖霞）人，道教全真道北七真之一,龙门道创始人,被成吉思汗尊为"神仙"。著作有《大丹直指》《摄生消息论》《石番溪集》等。

邱心如:山阳(今江苏省淮安)人,清代女作家,晚年曾设帐授徒,著有长篇弹词《笔生花》。

· 繁衍变迁 ·

邱姓发源于今山东,族人早期主要播迁于今河南境内。秦汉时,今陕西、浙江等省和内蒙古自治区均有邱姓人。魏晋南北朝时,原居于今河南固始的邱姓人为避战乱,南下迁居今福建。东晋时,有邱姓人迁居今四川,后又有迁居今河南、转今福建宁化等地者,遂使邱姓人广播于今福建、广东省境内。宋代,今福建有较多邱姓人居住。明代,今贵州、云南等地有邱姓人的聚居点,今陕西、山东、河北、河南、北京、天津等地有洪洞大槐树(今属山西)邱姓移民入居。清初,今福建、广东境内的邱姓人有渡海赴台者。

七十三 江

· 姓氏来源 ·

①出自嬴姓,是颛顼裔孙伯益的后代。据《元和姓纂》、《通志·氏族略》等载,传说帝颛顼的孙女女修,因吃燕卵而怀孕,生子大业。大业娶少典氏之女华为妻,生子伯益。伯益因辅佐大禹治水有功,被舜赐以嬴姓。到西周时,伯益的后裔受封于江(今河南正阳县一带),建立了江国。春秋时,江国被楚国所灭,子孙以国名为姓。

②出自姬姓,为翁氏所分。据《元和姓纂》《六桂堂业刊》载,西周初年,昭王姬瑕的支庶子孙受封于翁山(一说在今浙江定海县东,一说在今广东翁源县东),后代以邑名

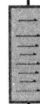

"翁"为氏。宋初,有泉州(今属福建)人翁乾度,生有六子,分姓洪、翁、江、方、龚、汪六姓。其中次子处恭,分姓江,他的子孙也姓江。

③源自少数民族改姓或少数民族固有姓氏。清满族人中有江姓;清四川明正土司辖木坪,藏族,父坚赞大结,氏族姓为坚赞,后改姓江,为土坪地区土酋;今高山、回、彝等民族均有此姓。

· 郡望堂号 ·

郡望

济阳郡:今河南兰考东境、山东东明南境,治所在今山东济阳,晋惠帝时置郡,此支江姓人的开基始祖为东汉江德。

淮阳郡:治所在今河南淮阳,汉高祖时置国。惠帝后,时为郡,时为国。

堂号

忠廉堂:宋时上高(在今江西省西北部)尉江灏,因勤王有功升建浦丞。复因统义兵捕盗有功,历任柳州、象州两州知府,为官忠而廉,因而有此堂号。

· 宗族特征 ·

江姓源于北而盛于南,是一个典型的南方姓氏。江姓人的字行辈分排列有序,如山东济阳江姓始祖至四十世的字行为:"洪图绍世泽,丕显振家声,承祖训锡嘉,名勋尔作奇,英学道希贤,圣经邦颂泰,文明昌国祚,上达乃光荣。"

· 历史名人 ·

江智渊:南朝宋骁骑将军,尚书吏部郎,著有《江智渊诗选》。《宋书》有《江智渊传》九卷。

江烨:宋代巴陵(今湖南岳阳)人。江氏族谱称长烨,又称长源。宋理宗时登进士第,曾任都尉、知县、江南东路提举常平司、西路提举茶盐公事、大理司帅参等职,一生专治程朱理学。

· 繁衍变迁 ·

江姓发源于今河南正阳。公元前623年,江国被楚国所灭后,国人有的北上至今河南淮阳、杞县、兰考,有的逃到今山东临淄一带、安徽石棣县东北及鄱阳。西汉时,有江姓人迁往今山东济水之南。永嘉之乱时,有江姓人自今陕西关中(陕西渭河流域一带)移居今甘肃。唐时,江姓人已遍布北方。唐初,有江姓人自今河南入今福建。安史之乱后,江姓人大举南迁至今浙江杭州及广东、福建、台湾等地。明初,江姓人作为明朝洪洞大槐树(今属山西)迁民之一,被分迁于今江苏、浙江、山东、河南、湖南等地。明清之际,有江姓人渡海赴台或移居海外。

避乱

七十四 尹

· 姓氏来源 ·

①为少昊的后代。据《通志·氏族略·以邑为氏》载，黄帝与方雷氏所生之子少昊，名挚，初号青阳氏，己姓。他是古代以鸟为图腾的东夷族的首领，后继承了黄帝的帝位，以五行之首统领天下，世称其有金德，所以他又号金天氏。相传他曾以鸟名为官名，设有工正和农正，管理手工业和农业。他的儿子殷为工正，主管工事，被封于尹城（故城在今山西隰县东北），子孙以邑为氏。另外，少昊有后裔名寿，为尧的老师，位师尹之职，其后裔以官为氏。

②出自姬姓。西周初所分封的姬姓诸侯国中，有子爵尹国（古城在今河南宜阳县西北、新安县东北），子孙以国为氏。此支尹氏，已传承了三千多年。

③出自兮姓。据《风俗通义》所载，商周时期设有师尹一职，位于太师、太傅、太保三公之首，地位相当于宰相。周宣王时，有兮吉甫担任师尹，子孙遂以官为氏。

④出自姒姓。夏朝时，夏人吞并了嬴姓沈国（今陕西临猗县西），建立了姒姓沈国。商朝时，姒姓沈国南迁于今河南固始。西周初，沈国被蒋国所灭，国君沈子逞逃难至楚地沈鹿（今湖北钟祥东的大洪山之麓），成为楚令尹，其后以官为氏。

⑤出自少数民族姓氏。明清时白族、傣族，今满、蒙古、苗、壮等民族中均有尹姓。

· 郡望堂号 ·

郡望

天水郡：治所在今甘肃通渭西北，西汉元鼎三年（前114年）置郡，为晋时尹纬一族之所在。

河间郡：今河北献县、武强县和泊头市交河镇等地。此支尹姓人的开基始祖为东汉尹敏的后裔。

堂号

和靖堂：出自宋代尹火享所获得的赐号"和靖居士"。

文和堂：因明代尹直明敏博学而得名。

此外还有肆好堂、一经堂、明经堂等。

·宗族特征·

尹姓虽历千年播迁繁衍，仍为一北方姓氏。尹姓名人佳话流传，不胜枚举。如战国时秦人尹喜，在函谷关得老子《道德经》，实为千古美谈；元代尹莘，性至孝，被列为古代孝子之典范。

·历史名人·

尹文：即尹文子，方城（今属河南）人，战国时哲学家。善于辩论，其学说与黄老刑名之说很相近，主张尚法，在认识论上则主张人在认识事物时要破除成见。

尹洙：字师鲁，河南府治（今河南洛阳）人，北宋著名文学家，新古文运动的先驱者，与欧阳修、梅尧臣等高举韩柳复古的大旗，一改宋初文坛的浮靡之气，开一代文学新风。有《河南先生文集》《五代春秋》《尹洙集》等著作传世。

尹继善：满族镶黄旗人，清朝政治家。雍正进士，历任江苏巡抚，云贵、川陕、江南等地的总督，为世宗、高宗所倚重。后官至军机大臣。

·繁衍变迁·

尹姓发源于今河南、山西等地。西汉时，尹姓人已遍布今陕西、山西、河北、山东等地。两汉之际，尹姓在今贵州与龙、傅、董并称四大姓。东汉时，有尹姓人兴起于今浙江、广西、四川等地。魏晋南北朝时，居于今甘肃境内的尹姓人繁衍旺盛。隋唐时，尹姓人的发展处于平稳期。此后，尹姓人播迁至今江苏、云南、辽宁等地。宋元时，大批尹姓人徙至南方地区。明初，尹姓人由洪洞大槐树（今属山西）徙于今河南、河北、江苏、天津等地。清代，尹姓人有渡海入台、进而远播海外者。

七十五 薛

· 姓氏来源 ·

①出自任姓，为黄帝之子禺阳的第十二世孙奚仲之后，以国名为氏。黄帝之子禺阳被封于任地（约在今山东济宁），得任姓。禺阳十二世孙奚仲为夏朝车正，被封于薛国（今山东薛城），其后世子孙以国为氏。

②出自妫姓，为虞舜（妫姓）后裔孟尝君田文之后，以封邑名为氏。据《吴录》所载，孟尝君田文是著名的"战国四公子"之一，其父齐相田婴被齐缗王封于薛（今山东薛城），田婴死后，田文袭封，仍以薛为食邑。至秦灭六国，其子孙失封，分散各地。西汉初，田文之孙田国、田陵到竹邑（今安徽宿县北）居住，以原封邑名命氏，遂为薛氏。

③出自改姓或少数民族固有姓氏。据《魏书·官氏志》载，北魏孝文帝迁都洛阳后，将鲜卑族复姓叱干氏改单姓薛；唐时有薛怀义，本姓冯；

孟尝君

今满、蒙、土家、朝鲜族均有此姓。

· 郡望堂号 ·

郡望

河东郡：治所在今山西夏县西北，秦初置郡。此支薛姓人的开基始祖为三国魏时光禄大夫薛齐。

新蔡郡：治所在今河南新蔡县，晋时置郡。

堂号

忠谏堂：汉朝时，薛广德为御史大夫，敢于直谏，因而有此堂号。

· 宗族特征 ·

薛姓家族有许多故事在民间广为流传，如薛仁贵征东，薛丁山征西，薛刚反唐，乃至薛家媳妇樊梨花移山倒海的神通等等，这使薛姓成了一个妇孺皆知的姓氏。薛姓人的字行辈分排列有序，如辽宁锦县薛姓人一支的字行为："继致顺积美，大中其允从。"

· 历史名人 ·

薛稷：蒲州汾阴（今山西万荣西南）人，唐朝书画家。曾官至太子太保、礼部尚书。擅画人物、鸟兽，画鹤尤为生动；工书法，与欧阳询、虞世南、褚遂良并称"唐初四大家"。

薛仁贵：绛州龙门（今山西河津）人，唐朝名将。骁勇善战，善于骑射，东征"白衣驰敌阵"，大败高丽；西征"三箭定江山"，威震突厥，对巩固唐王朝的边疆作出了很大的贡献。

薛仁贵

薛居正：浚仪（今河南开封）人，宋朝史学家。官至兵部侍郎，撰修《旧五代史》毕，晋平章事。著有《文惠集》。

·繁衍变迁·

薛姓发源于今山东薛城，后迁至今江苏邳州。战国时薛姓人已播迁至今湖北、湖南、江苏、河南、河北等省。三国时，有薛姓人徙居今甘肃。南朝时，有薛姓人徙居今福建晋安。北宋初年，歙县（今属安徽）人薛彦博迁居今湖南宜章县，成为今湖南、广东薛姓人的始祖。明初，薛姓人作为洪洞大槐树（今属山西）迁民之一，被分迁于今江苏、河南、陕西、山东、北京等地。明、清两代，薛姓人有渡海赴台，乃至远播海外者。

七十六 段

·姓氏来源·

①出自姬姓。据《元和姓纂》《史记·郑世家》等载，春秋时郑武公姬掘突少子共叔段（最初的封地在今河南荥阳，后因谋反被伐，逃至今河南辉县）的后裔，以王父（即祖父）字为氏，称段氏。

②为段干木的后代，以地名为氏。据《史记·老子列传》载，老子之裔孙宗，春秋时为鲁国大夫，先食采于段（今山东济南历城西的段店），后封于干（今山东冠县北的干集），其子孙遂以二封地名合为段干氏。至

老子

魏文侯时,段干木之子段隐如改单姓为段,后世沿用。

③为辽西(约为今河北乐亭东部,辽宁大凌河西部地区)鲜卑族后裔。据《姓氏寻源》《辞海》等载,西晋时,鲜卑族部落首领檀石槐之后有段务目尘,被封为辽西公。十六国时,其属地被后赵帝石虎所占,族人遂多以段为姓氏。

④《姓氏寻源》载:"云南蛮段氏,魏末段延没蛮代为酋帅,裔孙凭入朝拜为云南刺史,本出武威(今属甘肃)。"后晋时,"白蛮"人段思平建立大理王朝(治所在今云南大理白族自治州一带),段姓为其国中大姓。

⑤今云南德宏傣族景颇族自治州潞西市的德昂族道普雷氏,满、蒙古、土、苗等少数民族中均有段姓。

· 郡望堂号 ·

郡望

京兆郡:治所在今陕西西安西北,三国魏时置郡。

武威郡:治所在今甘肃民勤东北,汉时在原匈奴休屠王地置郡。此支段姓人的开基始祖为西汉段贞。

堂号

君轼堂:战国时期魏国的段干木不肯做官,魏文侯亲自登门拜访,段干木跳墙躲了起来。但文侯依然很尊敬他,每次从他家前经过时,都要扶着车前的轼木(横木)肃立,说:"段干木是贤人,我能不尊敬他吗?"因而有此堂号。

· 宗族特征 ·

段谐音断,而当机立断亦不失为段姓人的优良作风。段姓族人多英武之士,而历史长河中,留下过段姓帝王的浪涛,更为家族荣耀史的锦上添花之笔。段姓人字行有序,辈分明晰,如段静朗所修的《段氏宗谱》,载有安徽段姓一支的字行为:"承宗祖绪,光宜庆昌。"

·历史名人·

段思平：五代时大理喜睑（今云南大理白族自治州大理市喜洲镇）人，世为南诏贵族。初为通海节度使，937年，建立大理国，史称"大理第一世王"。

段玉裁：字若膺，号懋堂，晚年又号砚北居士、长塘湖居士、侨吴老人。金坛（今属江苏）人，清代著名文学训诂家、经学家。著有《经韵楼集》十二卷、《诗经小学》《古文尚书撰异》《周礼汉读考》《说文解字注》等书。

·繁衍变迁·

段姓主要发源于今河南、山东、辽宁等地。秦汉时期，段姓人主要向今陕西、甘肃移民，并在这两地迅速繁衍。魏晋南北朝之际，段姓人迁往各地，并有鲜卑族段姓人与汉族人杂居，日渐融合。后晋时，段思平建立了大理王朝，使段姓人在今云南发展迅速。唐代，段姓人仍以北方人口居多，主居于今陕西西安及河南。宋元时，北方的段姓人大举南下。明初，有洪洞大槐树（今属山西）籍的段姓人迁于今山东、河南、河北、甘肃、陕西、湖北等地。清代，段姓人繁衍平稳，分布广泛。

七十七 雷

·姓氏来源·

①为炎帝神农氏的九世孙方雷氏之后，以国名为氏。据《元和姓纂》《通志·氏族略》载，方雷氏是炎帝神农氏的九世孙，因战功被黄帝封于方山（在今河南中北部的嵩山一带），建立诸侯国。其子孙以国名为氏，为复姓方雷氏，后又分为两支，一支为方氏，一支为雷氏。

②为黄帝的臣属雷公之后,以祖名为氏。据《姓苑》所载,黄帝时有大臣雷公,精通医术,曾与黄帝讨论医学理论。《素问·著至教书论》也有"黄帝坐明堂,召雷公问之"的记载。雷公之后以祖名为氏,称雷氏。

③殷纣王有宠臣雷开,其后子孙以雷为氏。

④源自少数民族改姓或少数民族固有姓氏。据《姓氏考略》载,东汉末以及魏晋南北朝时期,有"潳山蛮"和"南安羌"改姓为雷;女真人阿典氏、满族阿克占氏、景颇族春雷氏、基诺族布柯氏,都改汉姓为雷。今壮、苗、彝、瑶、水、阿昌、畲、羌、土家、蒙古、回等民族均有雷姓。

· 郡望堂号 ·

郡望

冯翊郡:治所在今陕西大荔,三国魏时改左冯翊置郡。此支雷姓人的开基始祖为西晋雷焕。

豫章郡:治所在今江西南昌,汉时置郡。

堂号

谦让堂:东汉雷义和同郡陈重是好友。刺史举雷义茂才,雷义欲让给陈重,刺史不允,雷义遂装疯披发而去。因而有此堂号。

· 宗族特征 ·

雷姓源于北,而盛于南,是典型的南方姓氏。历史上,雷姓人济济多才,近现代更是如此,既有科学家、学者,又有军政界的高级官员和英模人物。雷姓人的字行辈分排列有序,如清光绪二十八年(1903年)雷崇民所纂的《雷氏族谱》载,永清(今属河北)雷姓人一支的字行为:"安靖敬谨,翊运能来有,渊源永振强。"

·历史名人·

雷义：鄱阳（今属江西）人，东汉名臣，官至侍御史。他与同郡人陈重情义深笃，被誉为交友的典范，人称"胶漆自谓坚，不如雷与陈"。

雷润德：建安（今福建建瓯）人，元代学者，与其子雷机、雷洪、雷杭俱精于易理。曾为《周易》作注解，世人称为"雷门易"。

·繁衍变迁·

雷姓最初主要集中于中原（约为以今河南为主的黄河中下游地区）繁衍地，东汉、三国时，有雷姓人迁居于古时的楚汉地区（今江西、湖北、安徽、四川等地）。晋时，有今江西的雷姓人迁往冯翊（今陕西大荔）。唐宋以后，今广东、陕西、四川、江西、湖南、山西、内蒙古自治区和广西壮族自治区均有雷姓人。其中江南、岭南（约为今广东省、广西壮族自治区及湖南、江西两省的部分地区）的雷姓人，有部分融入苗、瑶、彝、侗、畲、壮、黎、布依等族中。明初，雷姓作为明朝洪洞大槐树（今属山西）迁民之一，被分迁于今陕西、甘肃、湖南、山东、河南、河北等地。至清代中叶，有部分雷姓人移居海外。

七十八 侯

·姓氏来源·

①出自姒姓，以国名为氏。据《姓氏考略》《姓氏急就篇》等载，大禹（姒姓）的后裔被封于侯国（今陕西泾阳境内），子孙有以国名为氏者。

②出自姬姓，以爵位为氏。春秋时，晋昭侯姬伯封其叔姬

成师于曲沃（今山西闻喜东北），造成晋国形同分裂的局面。最终，姬成师之孙、曲沃武公先后杀死晋哀侯姬先及其子姬小子、其弟姬缗，成为晋国新的君主。姬先、姬缗的子孙则迁居他国，以祖先的爵位为姓，是为侯姓。

③出自姬姓。春秋时，郑庄公之弟共叔段举兵谋反，被庄公挫败，自封地——今河南荥阳，逃至今河南辉县。共叔段死后，郑庄公赐其子孙共仲为侯氏。

④出自改姓。北魏有代北（约在今河北蔚县以西，山西外长城以南，原平、五台山东北一带）鲜卑族复姓侯奴氏、古引氏等改姓侯；有侯植，先获赐姓侯伏，继而姓贺屯，最后改姓侯；有侯莫陈氏随魏孝文帝南迁洛阳（今属河南），改为单姓侯氏。

· 郡望堂号 ·

郡望

上谷郡：今河北保定、宣化一带，战国时置郡。

丹徒县：今江苏丹徒，秦代置郡。此支侯姓人的开山始祖为东汉侯霸的后代。

堂号

却币堂、救赵堂：战国时，秦国攻打赵国，赵国危在旦夕，向魏国求救，魏王却畏惧秦国，不肯发兵。魏国信陵君深知唇亡齿寒之理，但苦于没有兵符，无法调动军队。这时，71岁的隐士、魏国都城的看门人侯嬴，为信陵君出谋划策，并推荐勇士朱亥相助信陵君，终于使信陵君成

侯嬴

功地窃符救赵。侯嬴却推却了信陵君的重金谢礼,自刎以谢信陵君。因而有此二堂号。

· 宗族特征 ·

侯姓家族名人辈出,有安邦治国之能臣,如侯峒曾等;亦有流芳百世之才子佳人,如侯方域、侯芝等。侯姓字行有序,寓意深长,如清代侯捷生所撰的《侯氏家谱》中载有今安徽侯姓一支的字行为:"承训继先泽,齐家宜正伦。"

· 历史名人 ·

侯显:明朝宦官,曾两次代表明朝进藏入访,并两次与郑和入海航行,被后人列为我国仅居郑和之后的大航海家。

侯方域:商丘(今属河南)人,清代著名文学家,与方以智、陈贞慧、冒辟疆并称"明末四公子"。工诗、古文,书法学韩愈、欧阳修。清孔尚任的名剧《桃花扇》即以侯方域与李香君的恋爱故事为题材写成。

侯宝林:满族,著名相声表演艺术大师。他以深厚的艺术功底、精湛的表演技艺为广大群众奉献了无数雅俗共赏的优秀作品,如《醉酒》《关公战秦琼》等。

· 繁衍变迁 ·

侯姓发源于今陕西、山西、河南等地,秦汉之际已遍布今山西、河北、河南、山东等省和今宁夏回族自治区,尤以在河北境内繁衍最盛。汉末,有侯恕为北地(今宁夏回族自治区及甘肃庆阳市一带)太守,举家迁居今陕西。魏晋南北朝时,侯姓家族成为今河南的望族。西晋末年,战乱频繁,侯姓人大举南迁,遍布长江中下游地区。唐时,侯姓人开始移居今福建、广东等地。宋以后,侯姓人已遍及全国。

侯姓人南迁

七十九 龙

· 姓氏来源 ·

①为黄帝之臣龙行之后。据《姓氏录源》《竹书纪年》载，黄帝臣有龙行，居有熊（今河南新郑），子孙以龙为姓。

②为舜时纳言龙之后，以官名为氏。据《通志·氏族略》载，龙即纳言（一种专司出纳帝命的官职），舜时有此职，任此职者的子孙以官名为氏。

③为御龙氏之后。据《姓氏考略》载，龙姓出自御龙氏，望出天水（今属甘肃）。

④出自董姓，为豢龙氏之后。据《通志·氏族略》《名贤氏族言行类稿》等载，董父（豢国国君，豢国在今山西闻喜县东北）精于饲龙，以畜养龙而被舜赐姓"豢龙氏"，其后代有以龙为氏者。

⑤据《华阳国志》载，西汉时的牂牁（今贵州凯里西北）大姓中有龙氏。

⑥春秋时楚国(主要管辖今湖南、湖北省境)有大夫食采于龙(今山东泰安西南龙乡),子孙有以龙为氏者。

⑦少数民族姓氏。据《北史》载,焉耆国(今新疆维吾尔自治区巴音敦楞蒙古自治州焉耆回族自治区西南)、西域且弥(今新疆昌吉回族自治州的昌吉市和玛纳斯县)的君王皆为龙氏;今苗、普米、哈尼、彝、侗、瑶、水等族均有龙姓。

· 郡望堂号 ·

郡望

武陵郡:治所在今湖南溆浦南,汉高祖时置郡。

武阳郡:治所在今河北大名东北,隋代置郡。

堂号

世师堂、八德堂、敦厚堂:东汉名将马援曾写信给自己的侄子,劝他以龙述(东汉人,字伯高)的两句话,即"敦厚周慎,口无择言;谨约节俭,廉公有威"来要求自己。马援称这是龙述的"八德"。皇帝知道后,提拔龙述为太守,说他"堪为世人师"。因而有此堂号。

· 宗族特征 ·

在龙姓的发展史中,更多地体现着民族团结的历史大趋势。龙姓人的字行辈分井然有序,如民国抄本《龙氏家谱》中载有江苏龙姓一支的字行为:"兆升元吉,宗业克昌,富大希廷,厚诚守方。"

· 历史名人 ·

龙琰:字太初,宋代诗人。曾拜见王安石,并作诗一首,赢得王安石赞许。

龙汝言:字锦珊,清桐城(今属安徽)人。嘉庆年间状元,历官修撰,继任内阁中书。著有《赐砚斋集》。

龙启瑞：字辑五，号翰臣，清临桂（今属广西壮族自治区）人。道光状元，授翰林院修撰。桐城派五大古文家之一，是国学书目举要之先行者。后历任江西学政、江西布政使。著有《经德堂诗文集》《小学高注补正》等。

· 繁衍变迁 ·

龙姓发源于今甘肃、河南、山西、湖北、湖南、山东，在得姓之初就迅速散居四周。汉代，今甘肃和湖北、湖南及山西、河北、河南、山东间地已是龙姓人繁衍的三大中心。这个时期，有龙姓人迁入今四川，后又南迁至今贵州。魏晋南北朝时，中原（黄河中下游地区，包括今河南大部，山东西部和河北、山西的南部）的龙姓人为避战乱而南迁。宋元时期，龙姓人再次大举南迁，使得南方的龙姓人口大大超过北方。明清时期，各支龙姓人互相融合。

八十 史

· 姓氏来源 ·

①为黄帝时创造文字的"史皇"仓颉之后。仓颉为史官，人称史皇氏，其后有一支以官为氏，称史氏。

②为周太史佚之后。《新唐书·宰相世系表》载，西周（都城在镐京——今陕西西安附近）初年有太史佚（佚亦作"逸"），为人严正，与姜太公、周公、召公并称为"四

仓颉

圣"。由于他终生在周朝任太史,他的子孙便以官名为氏。

③隋唐时的"昭武九姓"(见十七何姓)之一。古西域康国支系有史国,居史城,为"昭武诸国"之一,史国有人来中原居住,遂以国名为氏。

④出自改姓。唐初有突厥族阿史那氏归附唐朝,于唐开元年间(713~741年)改姓史。

· 郡望堂号 ·

郡望

建康郡:治所在今甘肃高台西南,十六国前凉置郡。

宣城郡:治所在今安徽宣城,晋太康二年(281年)置郡。

堂号

忠烈堂:为纪念明末抗清义士史可法而设。

· 宗族特征 ·

以铜为镜,可以正衣冠;以史为镜,可以知兴替——史姓族人多以此铭为鉴,建功立业,千古流芳。史姓人的字行辈分排列有序,如明代孙士壁所编的史姓字行为:"缵述多俊奇,丕泽承嘉顺,京昌众深衍,后代存兴贤。"

· 历史名人 ·

史孟麟:字际明,号玉池,宜兴(今属江苏)人,明朝理学家。正直耿介,不畏强权,罢官回乡后专心治学,参与东林书院(在今江苏无锡)讲学,为时人所重。

史可法:字宪之,号道邻,祥符(今河南开封)人,明末抗清义士。崇祯元年(1628年)进士。崇祯十年(1637年),因与农民军作战有功被升为都察院右佥都御史。清军南下,其坚守扬州,城破被清军俘获,英勇就义。有《史忠正公集》遗世。

· 繁衍变迁 ·

史姓发源于今陕西一带。东周时，各诸侯国均有史官，以官名为史氏者众多。先秦时，史姓族人的足迹已遍布黄河南北和长江流域。西汉时，今广西壮族自治区和广东省已有史姓人。东汉时，有史姓人入居今四川。汉至魏晋南北朝时，史姓历史上六大郡望形成。后有史姓人迁至今甘肃、江苏、山东等地。隋唐时，西域史国人和突厥阿史那氏入中原，改姓史，壮大了史姓家族。宋元，史姓人大举南迁。明代，史姓人作为洪洞大槐树（今属山西）迁民之一，分迁于今河南、山东、陕西、安徽、湖北各地。清代以后，史姓人有迁往海外、侨居新加坡等国者。

八十一 陶

· 姓氏来源 ·

①唐尧之后。据《元和姓纂》和《姓苑》所载，尧担任部落首领之前，以制作陶器为业，子孙有以其职业技艺命氏者。另据《辞源》所载，尧帝初封于陶（故城在今山东定陶西南），后徙封于唐（故城在今河北唐县），子孙有以其封地"陶"为氏者，称陶氏。

②虞舜之后。据《元和姓纂》所载，西周初年，舜之后裔虞思，官至陶正（即管理陶质器物制作的官职），其子虞阏承袭父职，其后子孙以官名为氏。

③以职业为姓。据《风俗通义》所载，商朝七族中有陶姓，都以陶冶（陶工和铸工）为职业。

④避讳而改。据《宋史本传》所载，宋有陶谷，原姓唐，为避后晋高祖石敬瑭之讳，改姓陶。

⑤满族陶佳氏、托和罗氏，达斡尔族吐钦氏、古隆氏，

锡伯族托库尔氏汉姓均为陶；今白、傣、京、苗、瑶、彝、布朗、蒙古、回等少数民族均有陶姓。

· 郡望堂号 ·

郡望

济阳郡：今河南兰考东、山东东明南，西晋时置郡。

丹阳郡：治所在今安徽宣城，西汉时置郡。

堂号

丹阳堂、爱菊堂、浔阳堂、五柳堂、寸阴堂等。

· 宗族特征 ·

陶姓一支出自唐尧，一支出自虞舜，这份与生俱来的荣耀，着实令人羡慕。陶姓人南迁要早于其他姓氏：早在两汉时期，陶姓已有人渡过长江繁衍发展。陶姓多品性高洁之人，如不为五斗米折腰的陶渊明、山中宰相陶弘景、率众起义的陶峙岳、不同流合污的陶铸，等等。

· 历史名人 ·

陶潜：一名渊明，字元亮，东晋浔阳柴桑（今江西九江）人。安贫乐道，曾作《五柳先生传》以自比，世称靖节先生。诗名尤高，堪称古今隐逸诗人的宗师。

陶潜

陶弘景：秣陵（今江苏南京）人，南朝梁道教思想家、画家、医学家、书法家、文学家。入梁不仕，武帝礼聘不出，但朝廷大事辄就询问，被时人称为"山中宰相"。善琴棋，工草书,精图画,隶书不类常式,骨体遒媚。

陶宗仪:号南村,黄岩(今属浙江台州)人,元末明初书学理论家、文学家。能诗工书,尤工小篆,著有书学理论书《书史会要》,另有《南村辍耕录》南村诗集》。

· 繁衍变迁 ·

陶姓的发源地是今山东定陶。春秋战国时期,陶姓人逐渐南移到今河南兰考一带。西汉时,陶舍、陶青出仕长安(今陕西西安),其子孙遂繁衍于当地。两汉时期,陶姓人逐渐南迁于今江苏、安徽一带。魏晋南北朝时,今河南、山东境内的陶姓人开始南迁今江浙,而原居今苏北、皖北的陶姓人亦渡江入浙赣。南宋至明初,陶姓人被分迁于今江苏、安徽、河南、河北、山东、北京等地,而今湖北、湖南境内的陶姓人则有入居今四川,并播迁云贵高原者。清朝时,陶姓人有渡海赴台,乃至播迁海外者。

八十二 黎

· 姓氏来源 ·

①为祝融氏黎之后。相传五千年前的黄帝时代,黄帝族为华夏部落联盟之主,统治着中原地区。当时,我国东南方活跃着一支东夷、华夏、南蛮混合的九黎部落。后来,九黎为黄帝部落击败,黄帝后裔祝融氏黎统治了九黎。其后裔有以祖字为氏,称黎氏者。

②以国名为氏。据《元和姓纂》等载,商时有两个名为黎国的诸侯国,一在今山西长治县西南,商末被周文王所灭;一在今山东郓城县西。其子孙都以国名为氏。

③为帝尧的后代。据《元和姓纂》等载,商末为周文王所灭的黎国,被周武王封给帝尧的后裔,仍称黎国。春秋时黎国

迁都于黎侯城（今山西黎地县东北），后为晋国（在今山西西南部）所灭，子孙以国名为氏。（《路史》则载，古黎国被周文王戡平。武王克商后，封商汤后裔于黎国，后有黎侯丰舒，子孙有黎氏、犁氏。）

④出自改姓。据《魏书·官氏志》载，南北朝时北魏有代北（约在今河北蔚县以西，山西外长城以南，原平、五台山东北一带）鲜卑族复姓素黎氏，随魏孝文帝迁都洛阳，改为汉字单姓黎。

· 郡望堂号 ·

郡望

九真郡：今越南清化、河静两省及义安省东部地区。公元前3世纪末，南越赵佗置郡，公元前111年归入汉。

宋城郡：今河南商丘县南，宋时置郡。

堂号

京兆堂、九真堂、宋城堂、载酒堂、新安堂等。

· 宗族特征 ·

黎姓为典型的南方姓氏；黎姓名人多典故佳话，且广为流传。如宋代黎子云兄弟以竹载酒（带着酒）见苏轼，轼为其大门题匾曰"载酒堂"。黎姓人的字行辈分排序严谨，字浓意悠。如清代黎宣生所纂《黎氏家谱》中，载有东莞（今属广东）黎姓一支的字行为："世笃忠贞，声和韵远，家传孝友，泽浚源长。"

· 历史名人 ·

黎民怀：从化（今属广东）人，明代著名诗画家，擅长诗、书、画，时称"三绝"。

黎庶昌：遵义（今属贵州）人，清末外交家、散文家。历任驻英、法、德、西四国参赞,又任出使日本大臣。著有《拙尊园丛稿》《西洋杂事》,编有《续古文辞类纂》。

黎元洪:字宋卿,湖北黄陂人,历任湖北军政府鄂军大都督、南京临时政府副总统、北洋军阀政府总统等职。

· 繁衍变迁 ·

黎姓发源于今山西、山东等地,早在战国时就有入居今陕西、河北、江苏、江西、广东、广西壮族自治区及越南北部者。汉时,有黎姓人迁居今湖南。魏晋南北朝,黎姓人大批南迁。唐至五代,有祖居于今陕西西安的黎干之子黎度赴今江西宁都任职,黎度之孙黎祚在后晋时于今河南洛阳任职,黎姓人遂在此三地发展成望族。宋时,黎姓家族空前繁茂,有族人徙居今福建者。宋末元初,有黎姓人迁居今广东。明初,有洪洞大槐树(今属山西洪洞县)的黎姓人迁居今湖北、湖南、河南等省。清乾隆年间,有今广东、福建籍的黎姓人入居台湾或远徙海外。

八十三 贺

· 姓氏来源 ·

①出自姜姓。据《古今姓氏书辩证》《姓氏考略》等所载,身为春秋五霸之一的齐桓公(齐国国姓姜)之孙名庆克,其子庆封以父亲的名为氏。庆封在齐景公时独揽朝纲,引起齐国大族田、鲍、高、栾等氏族的攻杀,逃难至吴国,吴王余祭将他封在朱方(在今江苏苏州一带)。从此姜姓庆氏在吴地发展起来。进入东汉安帝(107~125年在位)时,为避安帝父亲孝德皇帝(庙号庆宗)之讳,庆封的后裔庆纯改姓贺。姜姓贺氏的历史仅一千九百多年。

②源自少数民族改姓或少数民族固有姓氏。据《魏书·官氏志》所载,北魏孝文帝汉化改革,将鲜卑族复姓贺兰氏、贺赖氏、贺敦氏等改为单姓贺;苗族吉学氏,汉姓为贺、杨;土族贺尔加氏、贺尔基氏、苏贺氏,裕固族呼郎嘎特氏,新疆维吾尔自治区锡伯族何叶尔氏,辽宁沈阳锡伯族贺在尔氏等汉姓均为贺。今布依、撒拉、傈僳、满、蒙古、俄罗斯、东乡、回等民族均有贺姓。

吴王余祭

· 郡望堂号 ·

郡望

会稽郡:治所在今江苏苏州市,秦始皇二十五年(前222年)于原吴、越两地置郡。此支贺姓人的开基始祖为东汉庆纯。

河南郡:治所在今河南洛阳市东北,汉高祖二年(前205年)改秦三川郡置郡。此支贺姓人的开基始祖为北魏时改为贺姓的贺兰氏、贺赖氏的后裔。

堂号

四明堂:唐朝时光禄大夫贺知章,诗书俱佳,自号"四明狂客",因而有此堂号。

· 宗族特征 ·

贺姓得姓于东汉的安帝年间,是一个比较年轻的姓氏,只有1800多年的历史。贺姓人的字行辈分排列有序,如浙江嘉兴贺姓人一支的字行为:"启泰铉愚王召晟尚,开庆锡宸玉绍德。"

· 历史名人 ·

贺知章：号四明狂客，越州永兴（今浙江萧山）人。唐代著名诗人，官至秘书监。后还乡为道士，擅长草隶书，好饮酒，与李白友善，为"吴中四士"之一。其诗仅存二十首，但《回乡偶书》、《咏柳》等都是脍炙人口的名篇。

贺长龄：清善化（今湖南长沙市）人，道光时历任贵州巡抚、云南总督等职，主张查禁私种罂粟和吸食鸦片，惠政颇多。著有《耐庵诗文集》。

贺隆锡：曲沃（今属山西）人，清代著名画家。善画山水、人物、兰竹，兼工诗词、小楷。

· 繁衍变迁 ·

贺姓发源于会稽（今浙江绍兴）一带，从得姓之初就是当地一大望族，在汉魏六朝时期，与同郡的虞、魏、孔三大家族并称为"会稽四姓"。魏晋南北朝时，因北方兵连祸接，各民族不断大举南迁，南方的贺姓家族分布更广。其后出自鲜卑族的贺姓家族，与从江南北上的贺姓家族不断地融合发展，逐渐在北方形成河南（治所在今河南洛阳东北）、广平（治所在今河北鸡泽县东）两大郡望。唐时，贺姓人大批北上。唐宋之际，贺姓人已分布于我国东部广大地区，在北方以今河南、河北、山西、山东、陕西分布最为集中。明初，贺姓人作为洪洞大槐树（今属山西）迁民之一，被分迁于今江苏、河南、山东、湖北、河北等地。明清以后，贺姓人遍及全国各地，并有远播海外者。

八十四 顾

·姓氏来源·

①出自己姓。《元和姓纂》《新唐书·宰相世系表》等载,颛顼帝的玄孙陆终生六子,长子名樊,获赐己姓,被封在昆吾国(今河南许昌东),其后代便以昆吾为氏。夏朝时,昆吾氏有子孙被封于顾国(今河南省范县东南),世称顾伯。夏末被商汤攻灭,散居各地的顾伯子孙便以国名为姓,称为顾氏。

②出自姒姓,为越王勾践的后裔顾余侯之后,以祖上封号为氏。《名贤氏族言行类稿》《顾氏谱》等载,夏帝少康的庶子无余(姒姓)受封在会稽(今浙江绍兴),建立越国,主持禹的祭祀。公元前494年,越国被吴国打败。越王勾践卧薪尝胆,奋发图强,终于在公元前473年灭吴,成为霸主。公元前306年,越国为楚国所灭。经秦至汉,勾践的七世孙摇因助刘邦灭项羽有功,受封为东海王,后来他封自己的儿子为顾余侯,子孙留居会稽,其支庶子孙以其封号的第一字为氏,称为顾氏。

③少数民族姓氏。满族姓伊尔根觉罗氏自礼部尚书顾八代始,子孙以顾为氏;裕固族顾令氏、锡伯族郭尔佳氏(亦作顾尔佳氏),汉姓为顾;今蒙古、壮、回等民族均有顾姓。

·郡望堂号·

郡望

会稽郡:治所在今江苏苏州市,秦时置郡。

武陵郡:治所在今湖南溆浦县南,汉高祖时置郡。

堂号

三绝堂:唐朝顾恺之,才绝、画绝、痴绝(专心画画,好像呆子），时人称他有三绝。因而有此堂号。

· 宗族特征 ·

顾姓是一个典型的南方姓氏，族人发展繁衍的中心一直在江浙一带，所以顾姓家族的历史名人大多出自南方，尤其是江苏。顾姓名人多学者、文学家，但大多与政治有瓜葛，并非纯粹的学问家。顾姓人的字行辈分排列有序，如江苏顾姓一支的字行为："明世泽万里，安国启贤良。"

· 历史名人 ·

顾恺之：东晋画家。多才艺，工诗赋、书法，尤精绘画。多作人物肖像及神仙、佛像、禽兽、山水等。笔迹周密，遒劲连绵如春蚕吐丝，号为"密体"，以区别于南朝梁张僧繇、唐吴道子的"疏体"，对中国绘画的发展有很大的影响。

顾炎武：明末清初的大思想家、学者。学识渊博，于国家典制、郡邑掌故、天文仪象、河漕、兵农，以及经史百家、音韵训诂等，都有研究。晚年治经侧重考证，开清代朴学风气，对后来考据学中的吴派、皖派都有影响，为我国历史上最受尊敬的学者之一。著有《日知录》《天下郡国利病书》等。

顾恺之

· 繁衍变迁 ·

顾姓分两支,一为北顾(指发祥于今河南省范县的顾伯后裔),一为南顾(指发祥于今浙江省绍兴的顾余侯后裔),北顾发展不及南顾。南顾得姓后不久就成为会稽一带的大姓,后有族人西迁武陵(今湖南常德)。唐以后,顾姓人不断地向南北各地播迁。明初,顾姓人作为洪洞大槐树(今属山西)迁民之一,被分迁于今河北、河南、山东、安徽、江苏等地。明代中叶时,顾姓人不仅分布于今安徽、湖北、湖南、福建、广东、四川等地,且在北方的今山东、山西、陕西、河北和内蒙古自治区等地也有分布。明末至清中叶,有今福建、广东的顾姓人渡海赴台,进而播迁海外。

八十五 毛

· 姓氏来源 ·

①出自姬姓。据《姓源》《广韵》《风俗通义》等载,周文王姬昌的第八子叔郑被封于毛(今陕西岐山、扶风一带),建立毛国,其后遂以国名为氏。清道光年间,在今陕西岐山出土的西周晚期的青铜器、毛伯敦、毛公鼎等均是毛国的遗物。其中,毛公鼎为现存铭文最长的青铜器,铭文共497字,记述了周宣王告诫和褒奖其臣下毛公厝之事,说明西周晚期毛国还存在。毛公的子孙在周朝世袭卿士,称为毛氏。

②出自姬姓,以封邑名为氏。据《通志·氏族略》载,周武王姬发灭商后,其第九子伯聃(一作明)被封在毛邑(今河南宜阳东北一带),世称毛伯聃。毛伯聃为周成王的六卿之一,任司空,掌管建筑工程,他的后代子孙以封邑名"毛"为氏。

③出自少数民族姓氏。三国东吴时皖南的山越族有毛姓;东晋末十六国前秦时的渭北氐人有毛姓;东晋末西南夷南中

（南中是汉晋时期西南夷地区一个特定地理区域，大体以今云南为中心并含贵州大部及川西南部分地区）有毛姓，且为当地大族；金时女真人有毛姓；北宋西夏国党项族有毛姓；今瑶、高山、满、蒙古、土家、回、白等民族中均有此姓。

· 郡望堂号 ·

郡望

西河郡：治所在今内蒙古自治区鄂尔多斯市东胜区境内，汉时置郡。

北地郡：治所在今甘肃省庆阳市宁县西北，战国时秦国置郡。

堂号

舌师堂：战国时，秦国攻赵，赵国平原君向楚国求援。在谈判的关键时刻，平原君的食客毛遂按剑震慑楚王，复晓以利害，终于说服楚王签订了出兵援赵的条约。平原君称赞毛遂"三寸之舌，强于百万之师"，因而有此堂号。

毛遂自荐

· 宗族特征 ·

历史上,毛氏家族多出文学之士,且拥有庞大的画家群,对文艺的贡献极为突出。毛姓人的字行辈分排列有序,据毛泽钧等修的《韶山毛氏族谱》载,湖南湘潭韶山冲毛姓人的字行为:"立显荣朝士,文方运陆祥,祖恩贻泽远,世代永承昌。"

· 历史名人 ·

毛泽东:字润之(原作咏芝,后改润芝),笔名子任。湖南湘潭人。中国人民的领袖,马克思主义者,伟大的无产阶级革命家、战略家和理论家,中国共产党、中国人民解放军和中华人民共和国的主要缔造者和领导人,诗人,书法家。1949至1976年,毛泽东担任中华人民共和国最高领导人。他对马克思列宁主义的发展、军事理论的贡献以及对共产党的理论贡献被称为毛泽东思想。毛泽东被视为现代世界历史中最重要的人物之一,《时代》杂志也将他评为20世纪最具影响100人之一。

毛亨:曲阜(今属山东)人,西汉著名学者。相传是古诗学"毛诗学"的开创者,曾作《毛诗》,世称"大毛公"。古时有四家为《诗经》作注,只有毛亨、毛苌叔侄作注的"毛诗"流传了下来。

毛奇龄:萧山(今属浙江)人,清初文学家、经学家,与毛先舒、毛际可并称"浙中三毛,文中三豪"。他自命清高,见解独特。好治儒家经典,著述甚丰,有《西河诗话》《西河词话》等。

· 繁衍变迁 ·

毛姓发源于今河南宜阳和陕西岐山、扶风一带。春秋时期,有毛姓人入今湖北。汉代以前,今山西离石、河南荥阳的毛姓人发展起来,并向全国播迁,其中以今山西、河南、甘肃等省，宁夏回族自治区、内蒙古自治区最盛，今安徽、四川也有毛姓人定居。唐末，毛姓人大举南迁至今江西等地。五代以后，毛姓人开始称盛于南方。元朝，有毛姓人迁居云南澜沧卫（今云南永胜县）。明初，毛姓人作为洪洞大槐树（今属山西）迁民之一，被分迁于今湖北、湖南、河南、山东、江苏、北京等地。清朝雍正年间起，毛姓人陆续有迁居台湾，进而播迁海外者。

八十六 郝

· 姓氏来源 ·

①出自子姓，为商朝天子帝乙（子姓）之子子期之后，以封地名为氏。据《通志·氏族略》及《名贤氏族言行类稿》所载，殷商第二十七代天子帝乙即位时，将他的儿子子期封于郝乡（今山西太原），其后子孙以地名为氏，称郝氏。

②出自复姓郝骨氏。据《新唐书·宰相世系表》所载，炎帝神农氏有称郝骨氏者，为太昊（伏羲氏）之臣，其后有郝氏。

③少数民族固有姓氏。如东汉时乌恒人有郝姓；元时都噜别族汉姓为郝；唐时南蛮有郝姓；西夏人中有郝姓；今土家、满、蒙古、回、锡伯等民族均有郝姓。

· 郡望堂号 ·

郡望

太原郡：治所在今山西省太原西南，战国时置郡。

京兆郡：治所在今陕西省西安市至华县一带，汉时置郡。

堂号

晒书堂：晋朝时，每年七月七日富豪之家就把衣服拿到太阳下晒,以防发霉或虫蛀。南蛮参军郝隆却摸着肚皮晒太阳,说自己在晒肚子里的书。因而有此堂号,寓意学问精深、满腹经纶。

・宗族特征・

郝姓是一个比较典型的北方姓氏,源于北,亦盛于北;作为一个得姓三千余年的姓氏,历经长时间的风风雨雨,几度的战火兵灾,却仍立足北方,诚为罕见。郝姓多文人雅士,仕宦者亦多文官。郝姓家族的堂号含义隽永,意味深长,字行辈分排列有序。

・历史名人・

郝章:祖籍汾州(今山西汾阳),宋代画家,长于画人、马,与路皋橐画驼、张远山画水并称"河东三绝"。

郝摇旗:明末李自成起义军的第一猛将,原名永忠,因初在军中为大旗手,故改名。初事闯王,闯王牺牲后,与李锦等联合,继续作战,曾取得全州大捷,后被俘杀。

郝为真:又名郝和,字为真,清末永年(今属河北)人,郝氏太极拳创始人。传技于孙禄堂,奠定了今天的孙氏太极拳的基础。现在美国、加拿大等地都有"郝派太极拳协会"。

・繁衍变迁・

郝姓发源于今山西太原。秦汉之际,郝姓人逐渐扩展至今山西全境及陕西、河南、河北等地。两晋南北朝时,今河北境内的郝姓人有避战乱而迁入今山东者,今河南的郝姓人有迁入今安徽者。隋唐时,有郝姓人迁徙至今湖北、四川。明初洪武年间(1368~1398年),郝姓人作为明朝洪洞大槐树(今属山西)迁民之一,被分迁于今河北、北京、山东、天津等地。明清之际,郝姓人在南方各地的分布渐广,有进入今湖南、福建等省者；同时也有聚居今东北辽宁者。清朝时，今山西北部有郝姓人迁入内蒙古自治区和甘肃者，而居于今福建的郝姓人则有渡海赴台或播迁至新加坡等地者。

八十七 龚

·姓氏来源·

①为黄帝之臣共工氏（炎帝的后代）之后。据《元和姓纂》载，共工氏的儿子句龙在黄帝时担任"土正"这一官职，掌管有关土地的事务。其后裔有以共为氏，称共氏者。后因避祸，又在共字上加上祖先的字"龙"，称龚氏。

②据《通志·氏族略》载，共国（一说在今河南辉县市，一说在今甘肃泾川县北）为商代诸侯国，被周文王姬昌所灭，子孙以国名为氏，后演变为龚姓。

③周朝有王室贵族姬和受封于共（今河南辉县），建立共国，称为共伯和，其子孙有以国名为氏者，后演变为龚姓。

④据《尚友录》载，春秋时晋献公（姬姓）之子申生谥号"恭君"，其子孙以其谥号为氏，又古时"恭"即"共"，故亦称共氏，后演变为龚姓。

⑤据《元和姓纂》、《史记·郑世家》等载，春秋时郑武公（姬姓）之子共叔段的后裔有以共为氏者，后演变为龚姓。

⑥五代十国时，后晋皇帝叫石敬瑭，敬氏为避其名讳，改"敬"为同义的"恭"，后也演变为龚姓。

⑦宋代泉州（今属福建）人翁乾度，生有六子，皆为进士，史称"六桂联芳"。六子分姓六姓，龚为其一。

⑧源自少数民族改姓或少数民族固有姓氏。黎平三龙乡（今属贵州东南苗族侗族自治州）的少数民族中有吴姓改龚姓

者;土族龚塔氏汉姓为龚;京、瑶、彝、白等族均有龚姓。

· 郡望堂号 ·

郡望

武陵郡:治所在今湖南溆浦南,西汉时置郡。

六桂郡:得名自"六姓联芳"。隋代治所在今福建福州市,唐代移治今福建泉州市。

堂号

中隐堂、六桂堂、耕读堂、渤海堂等。

· 宗族特征 ·

龚姓源头众多,血统不一,是一个典型的南方姓氏。龚姓名贤众多,流传有许多箴言佳话,实为后世之楷模。龚姓人的字行辈分排列有致,后世可从中窥其先祖风范之一斑。如龚维忠所著的《龚氏族谱》中载有上海南汇区龚姓一支的字行为:"云台丕显文,炳志仁大可。"

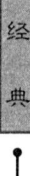

· 历史名人 ·

龚原:字深之,号武陵,遂昌(今属浙江)人。著名北宋学者。曾助王安石变法,颇为尽力。著有《周易新讲义》。

龚贤:字半千,号半亩,昆山(今属江苏)人,清朝著名画家,"金陵八家"之一。工山水,兼善诗文、书法,其画苍润浓郁,行草奔放雄奇。

龚自珍:清代著名的思想家、文学家。博览群书,通晓经学、文字学、历史、地理等,为今文经学派的重要代表人物,官至礼部主事。其诗、文有较高成就。著作辑有《龚自珍全集》。

· 繁衍变迁 ·

龚姓发源于今河南、甘肃、福建等地,早期主要在北方繁衍。汉时，龚姓兴起于今江苏、山东。魏晋南北朝时，龚姓人的足迹扩展至今江西、四川、湖南等省。唐宋时期，龚姓人在南方的繁衍旺于北方，今江苏、福建、浙江、广东遍布龚姓人的足迹。明代龚姓人有移居今上海、广西等地者，而洪洞大槐树（今属山西）的龚姓人则被分迁于今北京、天津、陕西、河北、河南等地。清代乾隆年间开始，有沿海的龚姓人移居台湾或定居邻近国度。

八十八 邵

· 姓氏来源 ·

①出自姬姓，为周文王之后。据《通志·氏族略》、《万姓统谱》等史料所载，周初大臣、周文王姬昌的第五子奭（shì）食邑于召（今陕西东岐山西南），称召公或召伯。武王灭商后，召公奭被封于燕国（辖境相当于今北京地区），他派儿子去管理燕国，自己留在镐京任太保，为周初三公之一，也是文、武、成、康四朝元老，曾同周公旦一起平定武庚之乱，为"成康之治"的形成作出了重要的贡献。他的子孙世袭召公，一直是周朝的执政大臣之一。周室东迁后，召公的采邑也随之东移。后来，燕国被秦国灭亡，姬奭的子孙以原封地"召"为姓，称召氏，后加邑旁为邵。据《氏族博考》所载："召与邵，春秋本一姓，后分为二。汝南、安阳之族皆从邑。"

②据《姓谱》所载，周文王第十子季载之后有邵姓。

③源自少数民族改姓或少数民族固有姓氏。如清满族八旗乌雅氏有改邵姓者；明清时云南定边土把氏有邵姓；今瑶、彝、蒙等民族均有此姓。

·郡望堂号·

郡望

博陵郡：今河北安平、深县、饶阳、安国等地。

汝南郡：今河南颍河、淮河之间，京广铁路西侧一线以东，安徽西淝河以西、淮河以北地区。汉时置郡。

堂号

安乐堂：宋时邵雍，好《易》理，把自己的居所命名为"安乐窝"，自号"安乐先生"。因而有此堂号。

·宗族特征·

历史上的邵姓名人多出在宋代以后，以学者为主，对中国文化的贡献甚巨。邵、召同宗，但召姓改为邵姓的原因、时间，尚无确凿的资料，还待有识之士去考察。邵姓人的字行辈分排列有序，如河北营城邵姓一支的字行为："本自圣裔，为名贤孙，敦崇士习，永守纲常。"

·历史名人·

邵雍：字尧夫，范阳（今河北涿州）人，北宋著名哲学家。一生不仕，工诗，多为闲适之作。精研《周易》，创立象数之学。著有《皇极经世》《伊川击壤集》等。谥康节。

邵晋涵：余姚（今属浙江）人，清代著名经学家、历史学家，曾参与纂修《继三通》《八旗通志》等书，又辑录《旧五代史》，使之失而复生，列入正史。今《四库全书》史部典籍，多出自他手。他还长于经学，所撰《尔雅正义》是训诂学的重要著作。

·繁衍变迁·

邵姓发源于今陕西和北京地区。燕国灭亡后，其王族子孙主要散居在今河北南部、河南、安徽西部。两汉时期，邵姓人成为安阳、汝南、南阳（今皆属河南）等地的望族。西晋末年，邵姓人开始南迁，辗转到达今福建、广东等地。宋代，今浙江、安徽、江苏、福建多有邵姓人居住，今山西、湖北、湖南亦有邵姓人。南宋末年，邵姓人已广布江南各地和今河南西部山区。明初，邵姓人居住地扩展至今河南、安徽、江苏、浙江、山东等地。自清代起，邵姓人有迁至台湾，进而播迁海外者。

八十九 万

·姓氏来源·

①出自姬姓。据《通志·氏族略》载，周朝有大夫（姬姓）受封于芮国（今陕西大荔县朝邑镇南）。春秋时芮国有国君芮伯万，因宠姬太多，被母亲芮姜赶出国，住在魏城（今山西芮城县），子孙以祖字"万"为氏。

②出自姬姓。据《元和姓纂》载，春秋时，晋国有大夫毕万，乃周文王姬昌之子毕公高之后，因辅佐晋献公有功，受封于魏（今山西芮城北），又称魏万，其子孙以祖字"万"为氏。

③出自改姓。据《魏书·官氏志》载，南北朝时北魏有鲜卑族复姓叶万氏，随孝文帝迁都洛阳后，改为汉字单姓万氏。一说代北三字姓万纽于氏改为万氏。又《齐东野语》载："方臣山，名岳，为南仲丞相，幕客赵父名方，乃改姓为万。"

④古代有个叫弈叶的人，曾居住在阴山北面的万纽于山。他的后代以居住地为氏，取山名的第一个字"万"为氏。

⑤其他源流。史料记载，周武王因"以万人而服天下"，其后遂有人以万为姓氏。

·郡望堂号·

郡望

扶风郡：今陕西麟游县、乾县以西，秦岭以北地区，汉武帝时置右扶风，三国魏时改为扶风郡，治所在今陕西兴平市东南。

河南郡：今河南黄河以南洛水、伊水下游，双洎河、贾鲁河上游地区及黄河以北的原阳县。汉高祖时置郡，治所在今河南洛阳市东北。

堂号

隰西堂：明末万寿祺，万历举人，明亡后誓不降清，穿着儒士的衣服，戴着和尚帽，往来吴、楚之间，世称"万道人"。其书房叫"隰西堂"，著有《隰西堂集》。因而有此堂号。

·宗族特征·

万姓名人横贯政、经、文、艺等各个领域，且以唐代以后居多。万姓人的字行辈分尽显家族特征，取义深刻。如万寿春所修《万氏族谱》中，载泰兴（今属江苏）万姓一支的字行为："承先世泽，敦孝永昌。"

·历史名人·

万修：字君游，扶风茂陵（今陕西兴平市）人，东汉大将。辅助汉光武帝中兴汉室，为著名的"云台二十八将"之一。

万斯同：清初史学家。年轻时学古文辞及诗歌，与诸名士角逐文坛，长攻经学；中年以后，专重史学，著有《明史稿》等。

万承纪：字廉山，南昌（今属江西）人，清代金石书画家。博采众长，作品甚丰。他癖好金石，匠心独运，缩临所藏汉魏碑，刊于端砚之背，共百余种，称为百汉碑砚，为当时文房四宝中的珍品。

·繁衍变迁·

万姓发源于今山西、陕西。汉代以前，有万姓人入迁山东者。两汉时，今陕西扶风一带的万姓家族枝繁叶茂。魏晋南北朝时，万姓人有迁居南方者。唐时，今浙江、安徽的万姓家族较盛。宋元时期，连年战乱，万姓人举族南迁至今江西、湖北、湖南等地。明初，万姓人作为洪洞大槐树（今属山西）迁民氏之一，于今河北、河南、山东、安徽、陕西、北京等地落籍。明清时期，今四川、江苏、广东各省和广西壮族自治区亦有了万姓人的足迹。

九十 钱

·姓氏来源·

①出自彭姓，以官职名为姓氏。周代有掌管钱财的官职"钱府上士"（钱府，掌管钱财的官署；上士，官名，周代士有上士、中士、下士），主要负责钱财的管理和调度。《史记·楚世家》及宋人郑樵所著的《通志·氏族略》记载，颛顼的玄孙陆终的后裔彭孚，在西周任钱府上士，其后裔遂以他的官职为姓氏。因西周建都于镐京（今陕西西安），彭孚在京为官，故钱姓形成于今陕西。

②清朝满族人有钱姓，明、清时期西南少数民族，如哈尼族中也有钱姓。

· 郡望堂号 ·

郡望

下邳郡：今江苏西北和安徽东北的广大地区，东汉置下邳国，南朝宋置郡。

吴兴郡：今浙江临安、余杭一线西北，兼有江苏宜兴市地，三国置郡。

堂号

吴越堂：钱镠是五代吴越国的开国君王，故有此堂号。

· 宗族特征 ·

钱姓家族无豪富，政治命运平平，但文人才子辈出；彭、钱为一家，自古以来秉承"互不通婚，遇难相帮"的古训。

钱姓家族的字行辈分排列有序。如江苏常熟钱姓一支的字行为："世宏泽远，书启康昆。"

· 历史名人 ·

钱镠：五代政治家，后梁时被封为吴越王。在位期间，曾征发民工修建钱塘江海塘。又在太湖流域普造堰闸，依时蓄洪，不畏旱涝，并建立水网区的维修制度，促进了农业经济的发展。

钱学森：浙江杭州人，生于上海，著名物理学家、火箭专家。长期担任中国火箭和航天计划的技术领导人，为我国航天技术、系统科学和系统工程的发展作出了巨大且富有开拓性的贡献。

· 繁衍变迁 ·

钱姓发源于今陕西西安，之后逐渐向南方发展。秦朝有御史大夫钱产，其子孙居下邳（今江苏邳州）。西汉徐州人钱林，因王莽专政，弃官隐居长兴（今属浙江）；钱逊，因避王莽乱，徙居乌程（今浙江湖州）。唐初，光州固始（今河南固始县境内）人陈政、陈元光父子入今福建开辟漳州，有钱姓将佐随往，在今福建安家落户。宋元时期，钱姓人发展到今广东、四川、安徽、湖南等省。明清时期，今上海、云南、湖北等省市均有钱姓人的聚居点。从清代开始，居住在今福建、广东及其他省市沿海地区的钱姓人陆续有迁至台湾、进而徙居海外者。

九十一 严

·姓氏来源·

①出自庄姓。据《通志·氏族略》所载，东汉时，庄姓人为避明帝刘庄之讳，改姓严。到魏晋时期，姓严的人中，有一部分又恢复了原来的庄姓。这样，就出现了庄、严姓并存于世的情况。

②出自芈姓。《元和姓纂》载："严氏，芈姓，楚庄王支孙，以谥为姓。"

③以邑名为氏。战国时，秦孝公之子君疾受封蜀郡严道县（今四川荥经），以邑名为氏，故称为严君疾，其子孙遂世代相传为严氏。

④据《姓考》所载，古有严国（今址失考），国人以国名为氏。

⑤少数民族姓氏。据《晋书》所载，后燕慕容盛时丁零族有以严为氏者。满、彝、土、锡伯、朝鲜等族均有严姓。

秦孝公

·郡望堂号·

郡望

天水郡：治所在今甘肃通渭县西北。

冯翊郡：今陕西大荔县一带。汉武帝置左冯翊，三国魏时改置冯翊郡。

堂号

天水堂：据《千家姓》载，古代严氏家族居于天水郡，因而有此堂号。

·宗族特征·

严姓为典型南方姓氏。严姓名人，文有文采，武有武略，其中文士多以清高和孝行见诸史册，如西汉有一心闭门读《老子》的严遵，东汉有隐士严光。

·历史名人·

严遵：蜀郡成都（今四川成都）人，西汉哲学家。好老庄，精《大易》，遵从老子有生于无的思想，认为虚无是世界的本原，隐居不仕，以卜筮为生。著有《老子指归》。

严复：福州（今属福建）人，清代启蒙思想家、翻译家。曾任北洋海军学堂教授、京师大学堂校长等职。译有《天演论》《中国教育议》等，著有《侯官严氏丛刊》《严译名著丛刊》等。著作中不乏被译成别国文字，流传国外者。

·繁衍变迁·

严姓人自得姓之始就分布广泛。东汉时，严姓人多居于今山东、湖北、安徽、浙江一带，今四川、云南、贵州一带亦有严姓人的足迹。魏晋时，北方的严姓人多居于今陕西、山西、河南、甘肃等地区。随着后世战乱，严姓人多南迁。唐代以后，南方的严姓人繁衍繁盛。明清，严姓人多居于今安徽、江苏、浙江、福建沿海一线，今云南、广东等地亦有为数较少的严姓居民。清康熙年间，严姓人始有从今福建、广东等地渡海入台者。

九十二 武

· 姓氏来源 ·

①出自子姓，以祖字或以谥号为氏。据《武班碑》载，商王武丁（子姓）的后裔中，有以祖字武为氏者。另据《风俗通义》载，春秋时宋国君主子司空，死后谥号为"武"，史称宋武公，其子孙有以其谥号为氏者。

②出自姬姓。据《新唐书·宰相世系表》载，周平王的小儿子姬武手掌上有一"武"字形纹路，故被赐为武氏，子孙亦以武为氏。另，周顷王之孙姬满的后裔被封于武疆（今河南郑州市一带），其子孙有以封邑名中的"武"字为氏者。

③以国名为氏。据《世本》《万姓统谱》等载，夏朝贤臣武罗被封于武罗国（今河北武邑县一带）。后其国亡，子孙以国名中的"武"字为氏。

④战国时，秦将白起因功被封为武安君，其子孙遂以封爵"武安"中的"武"字为姓；另据《风俗通义》载，汉朝有武强王梁，封地在今河北武强县，其后代因封地名为"武强"，简姓武。

⑤出自冒姓或赐姓。《新唐书》载："唐贺兰敏武士之嗣，冒姓武。"另外，曾有傅、左、李诸姓人被武则天赐姓武。

⑥源自少数民族改姓或少数民族固有姓氏。满族武聂氏、武佳氏、武库登吉氏，鄂温克族吴立西氏，汉姓为武；今京、彝、蒙古等民族亦有武姓。

· 郡望堂号 ·

郡望

太原郡：今山西五台山和管涔山以南、霍山以北的地区，战国时置郡。

沛郡：今安徽淮河以北、西淝河以东，河南夏邑县、永城市及江苏沛县、丰县等地，汉时置郡。

堂号

鬻薪堂：宋朝武行德，相貌奇伟，以鬻薪（卖柴）为生。后被镇守弁门的晋祖留在帐下当了侯虞。在作战时，他被契丹俘虏，却杀了敌官，占据河阳，不久归汉为河阳尹，入宋后，官太子太傅。因而有此堂号。

· 宗族特征 ·

武姓人世代以北方为主居地，自古多英杰，尤以唐朝时众多的武姓官宦最具代表性，而一代女皇武则天更不愧为巾帼英雄中的翘楚。武姓字行辈分严谨，意味深长，如浙江武姓一支字行为："善德庆美，诚信斯国。"

· 历史名人 ·

武则天：中国历史上唯一的女皇帝。684年临朝称制，690年建周代唐。执政期间，善用人才，开创殿试，重视农业，加强边防，政绩颇丰。但任用酷吏，时有冤案。705年，她被迫让位于儿子唐中宗，中宗复唐。

武则天

武宗元：孟津（今属河南）人，北宋著名画家。师法吴道子,行笔流畅,擅画佛道鬼神,曾为寺观作壁画,人皆称之。

武亿:清代著名学者。乾隆进士。创办范泉书院,治经史,精于考订金石文字。著有《经读考异》《群经义证》《偃师金石记》《授堂诗抄》等。

· 繁衍变迁 ·

武姓发源于今河南、河北等地。秦汉时期,武姓人迅速向今山东、江苏等省迁徙。魏晋南北朝时,北方战乱,武姓人大举南下,并有入今山西者。唐代为武姓人历史上最显赫荣达的时期,其繁衍之地遍布天下,武则天的祖居地太原(今属山西)一带更是形成了武姓人的大郡望。因明代洪洞大槐树(今属山西)移民等原因,武姓人不断迁徙,但仍是典型的北方姓氏。清代,有武姓人渡海入台、或迁徙新加坡等地。

九十三 戴

· 姓氏来源 ·

①出自子姓,为商汤之后,以谥号为氏。《元和姓纂》《古今姓氏书辩证》载,周初,周公旦在平定"管蔡之乱"后,封商朝末代君主帝纣之庶兄微子启(子姓)于商朝的旧都(今河南省商丘南)建立宋国。宋国第十一位君主死后被谥为戴公,戴公的子孙遂以其谥号"戴"为氏。

②出自姬姓,以国名为氏。《通志·氏族略》《左传》等载,春秋时有戴国(一说在今河南民权县东,一说在今河南兰考县),为姬姓诸侯国,隐公十年(前713年)亡于郑国(或曰宋国),其族人遂以国名"戴"为氏。

③出自改姓。《鼠璞》载,周武王灭商后,有不少殷遗商

族以国为氏（因商都在殷，又叫殷国），其后有改姓戴者；满族达尔充阿氏、戴佳氏，鄂温克族涂克冬氏改戴姓。

④少数民族固有姓氏。蒙古、回、瑶、土家等民族均有此姓。

· 郡望堂号 ·

郡望

谯郡：治所在今安徽亳州，东汉建安末分沛郡置郡。

广陵郡：今江苏、安徽交界的洪泽湖和南京市六合区以东，泗阳县、宝应县、灌南县以南，串场河以西，长江以北地区。东汉置郡，治所在今江苏扬州市。

堂号

独步堂：因后汉戴良有高才，自诩独步天下、无人能比而得名。

· 宗族特征 ·

戴姓家族人才辈出，大学问家、诗人、文学家、画家、科学家等，不一而足，对中国历史最大的贡献在文化方面。戴姓人的字行辈分排列有序，如1915年戴宜庚等修的《戴氏族谱》中载，如皋（今属江苏）戴姓一支的字行为："自寿伯序，伍诒振春，世修克昌，书瑞梓祥。"

· 历史名人 ·

戴进：钱塘（今浙江杭州）人，明朝著名画家，"浙派"创始人，被推为"明朝院体第一手"。善画山水，意境深远。兼工人物、佛像，运笔顿挫有力，设色纯熟有神采。

戴名世：桐城（今属安徽）人，清朝著名史学家。曾任翰林院编修，刊行《南山集》，因其中有许多明朝正史以外的史事，触怒了大清王朝，被以"大逆"罪处死——为清朝四大文字狱之一。

戴望舒：原名戴朝安，又名戴梦鸥。浙江杭县（今杭州市余杭区）人。中国现代派象征主义诗人，又称"雨巷诗人"。

· 繁衍变迁 ·

戴姓发源于今河南东部。先秦时期，有戴姓人迁居今安徽亳州。西汉时，有戴姓人为避战乱由今安徽境内迁至今江苏扬州，另有由今河南东部迁山东半岛者。三国两晋南北朝时，有戴姓人自今江苏扬州徙居今江苏南京等地者，且有徙居今安徽、湖北的。唐初，有戴姓人入今福建。盛唐时期，戴姓人在今陕西、山西、湖南、江西等地得以发展。宋元之际，今江苏、浙江、安徽、江西等省的戴姓人有南迁今福建、广东者。明初，戴姓人作为洪洞大槐树（今属山西）迁民之一，迁于今陕西、安徽、山东、河北、江苏以及东北等地。清时，今福建境内的戴姓人有迁往台湾、进而移居海外者。

戴望舒

九十四 莫

· 姓氏来源 ·

①出自高阳氏,是颛顼之后。据《三郡记》《姓氏考略》等载,上古帝颛顼造"鄚阳城"(今河北任丘县、平乡县),其支庶子孙有定居鄚阳城者,后人去邑为莫,以地名为姓。

②出自芈姓,以官名为氏。据《广韵》载,春秋时,楚国(政治中心在今湖北)有莫敖(官名)之职,有任此职之芈姓(祝融八姓之一,出自颛顼)人的后世子孙以官职命氏,称莫氏。(此外亦有由任此职的屈姓人之后改姓而来的,而屈姓出自芈姓,故此支亦出自颛顼。)

③据《通志·氏族略》载,莫姓系幕姓省文而来。

④源自少数民族改姓或少数民族固有姓氏。据《魏书·官氏志》载,南北朝时期,北魏少数民族邢莫氏、莫那娄氏改姓莫;北方满族那莫氏,有改单姓莫者。北魏时蠕蠕族有莫姓;唐五代后建立西夏王朝的党项人中有姓莫者;今瑶、毛南、仫佬、苗、水、高山、侗、壮等少数民族均有此姓。

· 郡望堂号 ·

郡望

巨鹿郡:今河北平乡县、任县以北至晋州市一带的地区,秦始皇时置郡。

江陵郡:今湖北江陵县及四川东部一带,南齐时置郡。

堂号

巨鹿堂、敦本堂、德荫堂、威远堂、思济堂、河间堂、安定堂等。

· 宗族特征 ·

莫姓历史久远,来源庞杂,难以准确考证。宋代是莫姓家族极为辉煌的一段时期，尤其是今浙江吴兴的莫家，更是人才辈出，世代显达知名。其崭露头角，始于苏东坡曾以《西河跳珠汗》一诗相赠的名士莫君陈。由于其"御家严整如官府"，所以家族中出现了许多优秀子弟。

· 历史名人 ·

莫藏：字用行，号素轩，海盐（今属浙江）人，明代学者、书画家。其博涉经史，能诗，工书画。著有《素轩稿》《五音字书辨讹》等。

莫友芝：字子偲，清朝诗人。对于六经名物制度颇有研究，工诗，善书法，为晚清"宋诗派"作家，与郑珍齐名。著有《黔诗纪略》《声韵考略》等。

· 繁衍变迁 ·

莫姓发源于今河北和湖北等地。两汉以前，莫姓人缓慢地向周边播迁。魏晋南北朝时，今湖北境内的莫姓人愈加昌盛。隋唐时期，在今河南、河北、山西、甘肃、山东、湖北、湖南、江苏、浙江、广东等地均有莫姓人定居。黄巢起义后，有北方的莫姓人避居今四川。五代十国至两宋，有莫姓人入迁今福建。宋末元初，浙江、江苏等地的莫姓人为避兵祸，涌入今广东省和广西壮族自治区。明初，今山西境内的莫姓人作为洪洞大槐树（今属山西）迁民之一，被分迁于今河北、河南、湖北等地。清初，有今湖南、湖北的莫姓人入居今四川、重庆。清中叶之后，沿海地带的莫姓人有渡海赴台或扬帆南洋者。

九十五 孔

· 姓氏来源 ·

①出自子姓。据《元和姓纂》记载,西周初年,殷纣王兄微子启(子姓)建立宋国(今河南商丘一带)。微子启死后,他的弟弟衍继位。其后裔正考父是宋国上卿,其子名嘉,字孔父,史称孔父嘉。春秋时,孔父嘉的后代就以孔为氏。另据宋《广韵》记载,契为子姓始祖,其下历经14代,传到成汤,灭夏桀,建立商朝,定都于亳(今河南商丘附近)。成汤亦称大乙、天乙,是一个圣明的君主,其子孙中有一支以商族的姓"子"与其字中的"乙"组合起来定为姓氏,即孔氏。

②据《姓考》等记载,春秋时期郑国(今河南新郑)有出自姬姓的孔氏,卫国(今河南滑县东)有出自古佶姓的孔氏,陈国(今河南淮阳)有出自妫姓的孔氏。

③少数民族姓氏。清满族八旗温屯氏、温都氏及土家、苗、蒙古、回等民族中均有孔姓。

纣王

· 郡望堂号 ·

郡望

鲁郡：今山东曲阜市、滕县、泗水县等地，晋时置郡。

河南郡：今河南黄河以南洛水下游，贾鲁河上游地区以及黄河以北的原阳县，汉高祖改秦三川郡而设。

堂号

阙里堂、至圣堂：都因孔子而得名。

· 宗族特征 ·

孔姓家族绵延不绝，持续两千余年，是世界上屈指可数的辈分分明、有史可稽的著名宗族。孔姓家族比任何一个宗族都严密，极具家族与时代特色，其族人因历代封建统治者推崇儒家学说而得到特殊的恩赐，且历千年而不衰。孔姓人特别注重研修家谱、家训，其家谱谱系井然，是我国历史上延续时间最长、包罗内容最丰富、谱系最完整的家谱。孔姓家族历经千年，繁衍日盛，人口众多，但其字行辈分始终排列有序，至今不乱。

· 历史名人 ·

孔丘：即孔子，春秋时期鲁国（今山东曲阜一带）人，思想家、政治家和教育家，儒家的创始者。他曾删修《春秋》，整理《诗》《书》等。他所建立的一套以"仁"为核心的思想体系，成为中国自汉代以后两千余年封建文化的正统，影响极大。他晚年致力于教育，据传有弟子三千人。

孔融：东汉曲阜（今属山东）人，汉末三国时的文学家，"建安七子"之一。才华横溢，文锋犀利简洁，多讥嘲之辞。

· 繁衍变迁 ·

孔姓发源于今河南商丘等地。孔父嘉的后代因为避祸逃到

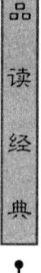

鲁国（今山东曲阜一带）并定居下来，这次东迁使鲁地成为孔姓人的繁衍之所。汉代起，由于官职变动、战乱等原因，孔姓族人开始向他处迁徙。三国两晋南北朝时，孔姓族人大规模南徙，进入今浙江、安徽等地。盛唐时期，孔姓族人繁衍繁盛，渐分居于今江苏、浙江、江西等地。宋、明时期，今山西、辽宁、江苏、云南、贵州、四川等省都有孔姓族人。清代以后，孔姓家族有不少人移居海外。

奇趣姓氏文化

第捌篇

俗话说："身体发肤，受之父母。"其实不仅"身体发肤"，每个人一出生，就从父母处"继承"了姓氏。可能很多人没有留意，就在我们身边有着一群拥有古代所谓贵姓或稀有姓氏的人，他们的姓氏或是读音很特别，或是有着独特的来历……因为这奇特稀有的姓氏，他们的生活中发生了各种有趣的、烦恼的、开心的故事。

关于同名同姓的问题

中国社会科学院在2007年1月发布了用两年时间调查完成的《中国姓氏统计》,其中一个令人瞠目的现象是重名:在北京市,有6万个张伟,5.5万个王伟,5万个李静,5万个王静。当然重名现象不限于北京,几乎全国各地都有。

· 两个"毛遂"与两个"韩翃" ·

关于重名,历史上也有很多名人故事。战国时代"毛遂自荐"的故事人们耳熟能详,但很少有人知道,当时其实有两个毛遂。史料显示,以自己杰出的外交才能迫使楚国出兵后,毛遂回到了家乡,而他的主人平原君一直很想念他。一天,有人说毛遂不小心掉进井里死了,平原君非常难过,连声说:"老天不助我啊!"可是,过了几天又有人说,掉到井里死的是邯郸郊外的一个乡下人,和门客毛遂同名同姓。平原君空伤心了一场。

中唐时,有一位有名的诗人叫韩翃,是"大历十才子"之一。他写过一首很有名的七言绝句《寒食》:"春城无处不飞花,寒食东风御柳斜。日暮汉宫传蜡烛,轻烟散入五侯家。"有一年,知制诰这个职位有了空缺,唐德宗点名让韩翃补缺。可吏部一查,发现有两个在职的韩翃,只好呈上两人履历,请皇帝定夺。唐德宗批复道:"春城无处不飞花,寒食东风御柳斜。与此韩翃。"这样,吏部就知道补缺的该是哪个了。

重名现象带来的不便可谓数不胜数,而在当代尤为突出。仅举一例,有人因为和全国通缉犯同名,结果每到一地,都被当地公安机关逮捕,无端吃了不少苦头。

为什么会出现如此多的重名者呢?中国的大姓集中是一个重要原因。目前王、李、张三大姓总人口已达2.7亿,排名前100位的大姓覆盖了总人口的84.77%。而现在人们取名方式日趋雷同,人名用字却随着汉字的简化越来越少,单名的比例也越来越高。这样一来,姓本来就相对集中,名也起得相对集中,重名肯定就多了。

· 避免重名的绝招 ·

重名会给人们的生活带来诸多不便和不必要的麻烦,甚至会给社会带来不少的混乱。尤其在如今这个信息时代,大姓里的重名太多,势必会给通讯联络、户籍档案、统计管理、历史考证带来种种麻烦。因此,怎样避免与他人重名,也成了父母给孩子取名时的一大问题。

为了避免重名,新世纪的人们想出了各种千奇百怪的起名绝招,以下几例你可以作为参考,也可看后一笑置之。

带英文字母的姓名:赵一A

在新网络E时代,名字加上英文字母已经不是令人奇怪的事。赵一A是某大学大一学生。他成绩好,名字出彩,是学校的明星,无人不知。据说当年其父为了让他年年成绩拿第一,取名"一"。父亲又觉得不保险,怕日后学校制度西化不排名次,于是在"一"后再加上个"A",以防万一。

两个字的姓并不一定是复姓:尹林光子

尹林光子是2006年杭州赛区超女。父姓尹,母姓林,之所以取名光子,据说她生于八月某个月光特好的晚上,"光子"意为"月光的孩子"。其名或为体现男女平等观念,或有学日倾向,或为了避开重名?也许是兼而有之吧。

俗名添新意:张伟新鹏

张伟新鹏是某政府公务员。本名叫张伟,因为总被人编号,感觉不爽,在户口簿姓名旁边一栏增加了一个别名"张伟新鹏",于是再也没人给他编号了。

明知山有虎,偏向虎山行:刘喆喆

虽然陶喆的名字让"喆"字从生僻字走向了大众化,但不少电脑输入法中仍敲不出来。刘喆喆现在已一周零四个月大了,他还不知道自己的名字用智能ABC只能写成"刘吉吉吉吉"。父母都喜欢哲"zhé"这个音,又不想和大多数的"哲"一样,于是就选了"喆"字,又怕和别人重复,才用了两个"喆"字。相信这样应该就没有重名了!

取名时的注意事项

①不宜用生僻字。这样难以被人认识,容易被人拒绝,妨碍人际沟通。

②学名不宜带稚气。否则当小孩长大后,容易被人小看。

③考虑书写习惯。平时写字,大家都有简单化的倾向,故用字不宜太复杂或难写。在签名的时候要特别注意轻重平衡,字形要有美感。

④避免使用相同或相近部首的字;避免声母,韵母相似;避免声调相同,无语音之美;分清阴阳,阳盛取阴名,阴盛取阳名。

奇僻姓氏引出百味人生

中国的姓氏文化已经经历了数千年的演绎、发展和变化,其内涵十分丰富。随着朝代的变换与更迭,民族的融合与交流,许多姓氏已湮没在时间的长河中。同时,又有一些新的姓氏在历史进程中产生,其中也包括稀奇古怪的奇僻姓氏。在古往今来的几千个姓氏中,奇僻姓氏不少,若分门别类地略加收集,就会发现其中有很大趣味性。

· 奇僻姓氏分类 ·

①数字姓氏:

一、二、三、四、五、六、七、八、九、十、壹、贰、叁、肆、伍、陆、柒、捌、玖、拾、零、百、千、万等。

②时令、节气、气象姓氏:

春、夏、秋、冬、阴、阳、日、月、年、岁、季、时、分、秒、风、云、霞、雷、电、雨、雪、冰等。

③方向、方位姓氏:

东、南、西、北、上、下、左、右、前、后、高、低、东方、西门、北宫、南郭等。

④历史朝代姓氏:

夏、商、周、秦、汉、晋、魏、蜀、吴、梁、齐、陈、隋、唐、宋、元、明、金、清等。

⑤行政区划简称姓氏:

京、津、沪、冀、鲁、豫、苏、皖、晋、桂、湘、鄂、闽、川、浙、甘、宁、陕、吉、辽、黑、台等。

⑥民族称谓姓氏:

汉、满、蒙、回、藏、苗、彝、侗、瑶、白、黎、土、羌、怒、壮等。

⑦行业姓氏:

工、农、商、学、兵、艺、师、陶、铁、医、干、战、药、屠等。

⑧颜色姓氏:

赤、橙、黄、绿、青、蓝、紫、红、黑、白、灰、乌、丹、朱等。

⑨天干、地支姓氏：

甲、乙、丙、丁、戊、己、庚、辛、壬、癸、子、丑、寅、卯、辰、巳、午、未、申、酉、戌、亥等。

⑩五行、五常姓氏：

金、木、水、火、土、仁、义、礼、智、信等。

⑪五音、五金姓氏：

宫、商、角、徵、羽、金、银、铜、铁、铝等。

⑫传说四兽及现实动物姓氏：

龙、凤、麟、鹤、熊、虎、狼、狐、蛇、猴、虫、鱼、鸡、鸭、鹅、猪、狗、牛、羊、马、驴、猫、鹿等。

⑬五岳、江河姓氏：

泰、华、恒、衡、嵩、江、河、湖、海、湾等。

⑭五谷、百果姓氏：

禾、麻、黍、稷、麦、豆、桃、李、杏、梨、果等。

⑮花草树木姓氏：

松、竹、梅、兰、菊、等。

⑯人伦、亲属姓氏：

祖、宗、父、子、公、孙、叔、伯、姥、娘、姑、姐、哥、妹等。

⑰人体部位姓氏：

头、骨、耳、目、口、舌、齿、胆、足、皮、毛等。

⑱卑微姓氏：

杀、死、丑、打、骂、不、黥、尳、蟒等。

⑲军队编制姓氏：

军、师、旅、团、营、连、排、班、士、帅、将、校、尉、兵、卒等。

⑳食物及用具姓氏：

米、饭、茶、酒、烟、糕、盆、钟、镜、柴、烛、枕、席、秤、伞、碗、盘、剑等。

㉑人体动作姓氏：

开、关、问、听、打、杀、扔、扑、扫、拍、拉、抱、吹、吼、爬、看等。

此外，还有一些罕见的姓氏，如古代有一个人给最后出生的儿子命为"尾生氏"；周穆王因宠姬早卒，哀痛不已，改称其族为"痛氏"；汉代有个人因不知自己的姓氏，干脆以姓为姓，称为"姓"氏。除此之外，还有姓"国"、"村"、"共"、"工"、"猾"、"弦"、"答"、"豪"、"砍"、"台"、"仙"等稀有姓氏，其来历因时间久远已不可考。

·稀有姓氏的故事·

"阙、刁、良"的烦恼

江苏媒体曾经对本省的一些稀有姓氏做过一系列的报道。如南京市溧水和凤镇，有位叫阙和平的男士。童年时，小伙伴们开玩笑地喊他"缺德鬼"，不料这一叫法竟延续至今。现在，认识他的人都不喊他的名字，而是叫他"缺德鬼"。

在南京市凤凰街，有一位名叫刁实诚的先生。因为"刁"有刁钻、奸猾的意思，为了不给别人反感，家人给他和另外两个兄弟取名，颇费思量，新华字典翻了好多遍。最后，分别给他们取名叫刁实诚、刁实谦、刁实谊。这几个褒义词，在一定程度上抵消了刁姓给人的坏印象。

南京市某家饭店有一个叫良菁菁的女孩，按照惯例，大家一开始都叫她小良。后来，有一个同事说总感觉在喊她"小娘"。不少男同事还干脆开玩笑，喊她"小娘子"。总之，不管是现在被大家叫做小良，还是将来被大家叫做大良、老良，她都觉挺尴尬，因为听上去像在叫"小娘"、"大娘"、"老娘"。别人喊她的名字,也感觉很吃亏。现在,大家都不叫她的姓了,改叫她"亮晶晶"。

莫名其妙的"鸡、危"

人类历史发展到一定阶段,鸡和妓女竟然莫名其妙地产生了联系。但是偏偏就有人姓鸡,这令他们感到难堪和怨恨。鸡姓人多分布在广西的江平、江龙、东兴、东郊等地,较集中的村有那漏村、横隘村等,鸡贤益的家就在江平镇横隘村,这个村共有400多人姓鸡。好多姓鸡的女孩子外出打工都不好意思说自己的姓,所以都改"奚"姓了。

在广西南宁市长堽路有一家"危宿登诊所",许多人心里很纳闷:"难道是危险宿舍楼?""危房还开诊所?"其实,危姓的祖辈是甘肃人,明朝末年第一代来南宁定居的叫危碧基,到危宿登已经是第22代了。现在他们同族的人已经着手编写族谱了,族谱记录着全国各地姓"危"的人,而且资料还很详尽。危医生开诊所已有20多年,虽然诊所的招牌会令人"胡思乱想",但高超的医术还是为他赢得了好口碑。

"练、花"的趣事

广西容县有一个叫练新颜的女研究生,从小到大,她从未遇到和她同姓的人。家里没有祖谱,所以这个姓氏的来源也无从考究了。练新颜因为自己特别的姓氏也遇到过不少麻烦事,每一次遇到新结识的人,她在自我介绍后,别人常常会错听成姓"廖"或和别的音类似的姓。如果是她签名,别人又往往会看成是姓"陈",并提醒她是不是字迹潦草写错了,经过练新颜一番解释后,对方通常是一副夸张的表情。练新颜虽然年轻,却已是两个孩子的妈妈了,大女儿出生后,练新颜就让女儿随了母姓,希望女儿能将这一姓氏延续下去。

而在江苏南京有一个叫花正飞的大学生,因为姓氏稀有,一开学,全班100多个同学很快都认识他了,老师对他印象也特别深。有时上课回答问题,老师叫不出其他同学名字,总是会喊"花同学后面的同学"或者"花同学左面的同学",这让花正飞同学每次都在心里捏了一把汗。

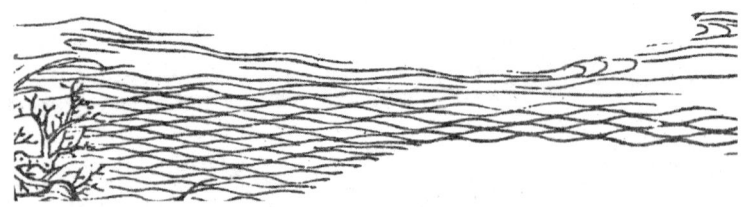